Peter Landgraf   Russland im Frühling
Mit dem Schiff von Moskau nach St. Peterburg

AF287427

Peter Landgraf

Russland im Frühling

Mit dem Schiff von Moskau nach St. Petersburg

© 2011 Peter Landgraf
Alle Rechte vorbehalten

Herstellung und Verlag: Books on Demand GmbH, Norderstedt
Printed in Germany
Text und Umschlaggestaltung: Peter Landgraf
Quellen- und Bildnachweis siehe Seite 84
Internet: www.peterlandgraf.de

ISBN 978-3-8423-4694-9

Die Deutsche Bibliothek verzeichnet diese Publikation in der Deutschen Nati-
onalbibliografie; detaillierte bibliografische Daten sind im Internet abrufbar
über http://dnb.ddb.de

Inhalt

Warum erst jetzt?

Fünf Tage vor meinem zweiundsiebzigsten Geburtstag betrete ich zum ersten Mal in meinem Leben russischen Boden.

Im Alter von ein, zwei Jahren beginnt ein Kind seine Umgebung nicht nur wahrzunehmen, sondern auch einzuordnen und zu deuten und Verbindungen mit vertrauten Personen aufzubauen. Die ersten Worte und Minisätze kommen ihm über die Lippen. Mama war mein Zauberwort. Sie war für mich und unsere kleine Familie allgegenwärtig. Die Erinnerungen an den Papa in der Zeit meiner Babyjahre waren vage, eigentlich gar nicht vorhanden. Er verschwand schon bald aus meinem Gesichtskreis. Ich lernte ihn mehr auf Bildern kennen, denn er befand sich von Anfang an als Soldat im Krieg.

Die zerstörerischen Bombardierungen, das brennende Nürnberg und das Kriegsende erlebte ich bereits als Schüler. Papa war zu dieser Zeit in Russland – als Kriegsgefangener.

Mein großes Glück begann am 3. März 1948. Nach dem Aufstehen bemerkte ich einen Mann in der Tür, den ich als meinen Papa erkannte. Er schloss mich in seine Arme und hielt mich lange schweigend fest.

Bolschewismus, Diktatur des Proletariats, Kommunismus, Sowjetunion, Stalinismus, KGB, Archipel Gulag und andere Stichworte waren mir jahrzehntelang als Schüler, Student und Erwachsener ein Graus.

Vieles hat sich geändert. Die Union der Sozialistischen Sowjetrepubliken wurde unter Gorbatschow und seinem Nachfolger Jelzin aufgelöst. Der Eiserne Vorhang ist gefallen. Russland bekam eine gewählte Regierung. Das Land hat sich geöffnet und spielt auf dem Klavier der Globalisierung eine zunehmend wichtige Rolle. Jüngere, zukunftorientierte Generationen sind nachgewachsen.

Nach wie vor berichten die Medien kritisch über den schleppenden Prozess der Demokratisierung, die ungebrochene Macht des Staatspräsidenten und des vom Hintergrund aus durchoperierenden Ministerpräsidenten, die Vetternwirtschaft und die Korruption.

Die Zeit scheint jedoch gekommen, den Ballast der Vergangenheit abzuwerfen und die Gegenwart vor Ort in Augenschein zu nehmen.

Dobro Poschalowat!

Die MS Ivan Bunin liegt in ihrer stolzen Pracht am Kai des Nördlichen Flusshafens Severnij Retschnoj Port von Moskau. Eine kleine Abordnung der Besatzung steht zur Begrüßung der Gäste bereit, die gerade mit dem Bus am Gebäude der Hafenverwaltung vorfahren.

Wer war Ivan Bunin? Er muss Russe gewesen sein, so viel steht fest, sonst würde das Motorschiff nicht seinen Namen tragen.

Während meiner Reisevorbereitung stieß ich bei der Lektüre der geschichtlichen und kunsthistorischen Hintergründe des Landes und der zu besuchenden Orte nicht auf ihn. Ich kann mich auch nicht erinnern, jemals zuvor von ihm gehört zu haben. Leo Tolstoi und Fjodor Dostojewski standen auf dem Lehrplan des besuchten Gymnasiums. Beide schrieben nicht endende und meist mehrbändige Romane. Ich erinnere mich an die Bücher „Krieg und Frieden" und „Schuld und Sühne", die ich beide mühevoll gelesen hatte. Dostojewskis Erzählung „Die Brüder Karamasow" wurde mit dem kahlköpfigen Yul Brynner und der Wienerin Maria Schell verfilmt. Der Kinobesuch am 7.9.1958 wurde für meine Begleiterin und mich zum bleibenden Erlebnis – wir heirateten einige Jahre später.

Auch Puschkin, Rachmaninow, Tschaikowski, Kandinsky und Chagall fallen mir noch ein und dann die Namen Rimski-Korsakow, Borodin, Mussorgski, Prokofjew und Rubinstein, mit deren Werken mich mein früheres Faible für Oper und Klassische Musik zusammenbrachte; auch mit Strawinski, mit dem ich bis heute allerdings nicht ins Reine kommen konnte. Mstislaw Rostropowitsch kommt mir natürlich noch in den Sinn, der begnadete Cellist, der kurz vor seinem Tod 2007 ein letztes Konzert in meinem Wohnort gab.

Aber von Ivan Bunin habe ich in der Tat noch nie etwas gehört. In großen und glänzenden Buchstaben gegossen prangt sein Name hoch oben an der Steuerbordseite des Schiffes, mit dem wir in den nächsten Tagen unterwegs sein werden.

„Er war Schriftsteller", höre ich einen Mann ein paar Schritte neben mir seiner Frau zuraunen. Ob seine Ergüsse mit jenen der mir bekannten russischen Literaten Schritt halten können? Ich sollte mich gelegentlich noch schlau machen.

Wir werden herzlich empfangen. Einer der Offiziere lehnt lässig am Türrahmen des Eingangs zum Hauptdeck. Die Reiseleiterin des Veranstalters begrüßt die Teilnehmer der Kreuzfahrt mit warmen Worten, während eine Russin in bunter Tracht ein „Dobro Poschalowat", ein „Herzliches Willkommen", ausruft und den Ankommenden nach traditionellem Brauch Brot und Salz reicht. Dazu spielen drei junge Burschen, ebenfalls in Landestracht gekleidet, flotte Weisen auf einem Akkordeon, einer Balalaika und einer Gitarre. Wir sagen spassibo, danke.

„Klöster, Kuppeln und der Glanz der Zarenzeit" stehen auf dem Programm einer Reise durch Westrussland, die von Moskau über Flüsse, Kanäle und Seen vorbei an kleineren Städten und Dörfern im weiten Bogen nach St. Petersburg führt. Gelandet sind wir in der Neuzeit – auf dem internationalen Flughafen von Domodedowo, dessen bauchig-futuristische Glasarchitektur jenseits aller Vorstellungen eines inzwischen auch von der Moderne beleckten Russlands liegt.

Oxana erwartet uns – eine zierliche Person, die ihre langen blonden und gewellten Haare seitlich über die Schultern fallen lässt. Wir wären die ersten Passagiere, die gelandet sind, meint sie, und sie sei eine der Borddolmetscherinnen, die den Gästen in den nächsten Tagen hilfreich zur Seite stehen werden.

Eine Fahrt auf eigene Faust wagten wir nicht. Einige Tafeln mit uns verständlichen englischen Worten – Baggage claim und Exit – begleiten den ankommenden Fremden zu den Koffern und zum Ausgang. Dann verschwimmen die nicht geübten Augen im unverständlichen Wirrwarr der kyrillischen Schriftzeichen. Englisch oder Deutsch sprechende Menschen im Alltag anzutreffen grenzt bereits in den Großstädten an Glück und bleibt gar auf dem Lande unerfüllte Hoffnung. So vertrauten wir uns einem zuverlässigen Reiseveranstalter an, mit dem wir bereits eine Expeditionsfahrt in die Antarktis unternahmen.

Die M-4 verbindet den Flughafen Domodedowo mit Moskau. Großflächige Laubwälder säumen die gut ausgebaute Schnellstraße. Birken dominieren. Ein kleiner Fluss speist einen See. Wohnsiedlungen tauchen auf, einzelne Hochhauskomplexe, ganze Trabantenstädte, ein kleineres Einkaufzentrum und eine Tankstelle, gefolgt von weiteren Wäldern. Über den Baumwipfeln leuchtet ein rubinroter Sowjetstern auf dem spitzen Turm eines kaum zu erkennenden Gebäudes; der Turm der nahen Eisenbahnstation Leninskaya, hören wir.

Vom Flughafen bis zur Anlagestelle unseres Schiffes beträgt die Entfernung 78 km, wofür etwa 1 1/2 Stunden Fahrtzeit anzusetzen sind. Wegen Brückenbauarbeiten sei die äußere Westtangente derzeit hoffnungslos verstopft. Der Bus wird deshalb den Ostring nehmen und, mit etwas Glück und Bleifuß des Fahrers auf dem Gaspedal, auch nicht viel länger brauchen, verspricht Oxana.

Ein weißes Schild mit schwarzer Aufschrift zeigt in großen Lettern die Stadtgrenze an: MOCKBA, was in lateinische Buchstaben übertragen Moskwa und übersetzt Moskau heißt. Jetzt befinden wir uns in der Hauptstadt Russlands. Rund 11 Millionen Menschen leben in der eigentlichen Stadt; weitere 14 Millionen in der Oblast, dem Landkreis, und dem näheren Einzugsgebiet – das sind fast 20 % der russischen Gesamtbevölkerung von 142 Millionen. Die Online-Zeitung Russland-Aktuell berichtete darüber. Die vielfältigen Gesichter der vorbeihuschenden Menschen in der großen Halle des Flughafens führten einem bereits bei der Ankunft die Farbigkeit des Vielvölkerstaates vor Augen. Etwa 100 verschiedene Nationen leben hier. „Russlands großer Reichtum sind seine Menschen", lautete die Überschrift des Artikels, in dem weiter ausgeführt wird: „Mit weniger als 60 Jahren liegt die Lebenserwartung russischer Männer auf Dritte-Welt-Niveau und so niedrig wie in keinem anderen Industriestaat der Erde." Und auch hier wird der in unserem Lande bereits spürbare demographische Faktor mittelfristig zu einem Problem werden, denn in Russland sind in den letzten Jahren immer mehr Menschen gestorben, als Kinder geboren wurden.

Wir verlassen die direkt ins Stadtzentrum führende M-4 und biegen auf den zehnspurigen Autobahnring MKAD ein. Direkt am Straßenkreuz stehen Wohnhochhäuser. Zwei der Apartmenttürme tragen Werbeaufschriften – Birjuljewo und Bosounoe kann ich entziffern, ohne den Inhalt der Worte zu verstehen. Plattenbauten daneben erinnern an den bescheidenen Charme der Wohnblocks aus der DDR-Zeit.

Wieder wechseln Waldgebiete mit Vorortsiedlungen, Einkaufsmärkten und gewerblichem Areal. Honda, Ford und IKEA machen auf sich aufmerksam. Die Türme eines Heizkraftwerks tauchen auf. Kurz darauf passieren wir mehrere, sehr moderne, mehrfarbig verglaste Wohnblocks mit architektonischem Einschlag westlicher Prägung. Das fällt offenbar auch anderen auf. Die Kameras werden gezückt. Gleich daneben wird die Landschaft wieder grün. Der Bus fährt auf die Rampe einer Brücke, die über die hier breite Moskwa führt.

Der Waräger Fürst Juri Dolgoruki gilt als Gründer Moskaus. Er erkannte als Erster die zentrale Lage und strategische Bedeutung der tief eingeschnittenen Flussschleifen am mittleren Lauf der Moskwa und gab den Befehl zum Ausbau einer bereits vorhandenen kleinen Siedlung und zur Errichtung eines Kremls, einer Festung, was urkundlich erstmals im Jahr 1147 erwähnt wird. Stadt und Festung erhielten den gleichen Namen wie der Fluss, der durch das heute schier unübersehbare nüchterne Häusermeer mäandert.

Der Verkehr gerät zuerst ins Stocken, wenig später kommt er zum Erliegen. Einem überkochenden Milchtopf gleich quillt aus allen Ecken und Enden die Flut unzähliger Autos, die jetzt auch auf der Osttangente einen Kollaps verursachen. Nichts scheint mehr zu gehen in diesem alltäglichen Durcheinander. Zehn Minuten lang quält der Fahrer den Bus mühsam voran. Beim Vorort Wostochnij verlässt er die MKAD und fährt über die A-103 in Richtung Innenstadt bis zum mittleren Ring, der auch Gartenring genannt wird. Wir kommen an mehreren Häusern der Gründerzeit und am Stadion des Fußballclubs Lokomotive Moskau vorbei. Am Dynamo-Stadion verlässt der Fahrer den Ring und zweigt diesmal rechts ab in die Leningrader Chaussee, die, außerhalb der Stadtgrenze M-10 genannt, Moskau mit St. Petersburg verbindet. Kurz darauf erreichen wir den Liegeplatz unseres Schiffes.

Erste Begegnungen

Die gebuchte Junior-Suite auf dem Oberdeck erweist sich als noch geräumiger als erwartet. Nicht wissend, welches Wetter während der nächsten elf Tage herrschen wird – wir werden bis Karelien im hohen Norden vordringen und auch St. Petersburg liegt bereits auf dem gleichen Breitengrad wie Helsinki in Finnland oder Bergen in Norwegen – entschlossen wir uns für eine großzügige Unterkunft, um bei anhaltendem Regen oder bei Kälte eine Rückzugsmöglichkeit zu haben. Zunächst herrscht erfreulicherweise Sonnenschein bei 22 ° C.

Bei der Einschiffung kamen wir auf dem Hauptdeck an Shops und der Rezeption vorbei. Auf einem ersten Erkundungsgang entdecken wir auf dem Deck unserer Kabine die Bierbar über dem Bug des Schiffes mit Sicht voraus und achteraus das Restaurant Puschkin. Davor, von der Wand des Treppenhauses, blickt Ivan Alexejewitsch Bunin in Öl gemalt mit ernsten Augen an seinen Betrachtern vorbei.

Der Text der daneben hängenden Tafel schließt meine Wissenslücke. Ivan Bunin wurde 1870 in Woronesch geboren und starb 1953 in Paris. Er war Schriftsteller, Lyriker und Übersetzer, der die Tradition der russischen Klassiker des 19. Jahrhunderts fortsetzte und in realistischer Prosa das provinzielle und ländliche Russland beschrieb. 1933 erhielt Ivan Bunin den Nobelpreis für Literatur. Seine Werke tragen schrecklich wehmütige Titel, wie beispielsweise „Dunkle Alleen", „Der Kelch des Lebens", „Liebe und andere Unglücksfälle" oder „Nur die Trauer tröstet ganz". Ich glaube nicht, dass mich diese düsteren Stoffe heute noch begeistern könnten. Ivan Bunin sieht finster blickend aus dem Bilderrahmen ins Leere. Er wird wohl für mich auch künftig ein unbeschriebenes Blatt bleiben.

Das Schiff MS Ivan Bunin, 1988 gebaut und im Winter 2009/2010 völlig überholt und modernisiert, begeistert uns dagegen von Minute zu Minute mehr. Die Kabinen erhielten ein helles Ambiente, die Gesellschaftsräume wurden neu und freundlich gestaltet und mit allen Annehmlichkeiten eines erstklassigen Flussschiffes ausgestattet. Nach einer Jungfernfahrt von Rostow am Don, wo sich der Heimathafen befindet, über die Wolga nach Moskau, steht die Ivan Bunin jetzt für unsere und weitere neun Kreuzfahrten in diesem Jahr bereit.

Auf dem Bootsdeck befinden sich die Aussichts-Bar und die Tanzbar und auf dem Sonnendeck, achtern hinter dem Veranstaltungssaal Tschaikowski, lädt ein kleiner Pool zur Erfrischung. Wir suchen ein luftiges Plätzchen und lassen uns in einem Liegestuhl nieder. Eine Kellnerin serviert frisch gezapftes Bier. Ich kann nicht widerstehen.

Der Nördliche Flusshafen wurde an einem Stausee des Moskau-Wolga-Kanals angelegt. Das Hafengebäude strahlt den verblassten Glanz der Sowjetzeit aus – ein auf Repräsentation ausgelegter und monumental übersteigerter klassizistischer Bau. Mehrere Flusskreuzfahrer haben hintereinander festgemacht. Ein Schiff legt ab, ein ankommendes anderes macht kurz darauf fest und ein drittes trifft ein, das sich mit einem Liegeplatz in zweiter Reihe zufrieden geben muss.

Eine stark befahrene Brücke überspannt im Süden das Kanalbecken, mehrere Wohnhochhäuser stehen am anderen Ufer und stadtauswärts herrscht Feierabend – die Kräne ruhen in den Docks und an den Kais der Lastschiffe bis zum nächsten Schichtbeginn. Wir genießen die Ruhe und Entspannung an Deck und die angenehme Wärme des späten Nachmittags.

Die für uns im Restaurant reservierten Plätze am Tisch 29 befinden sich leider auf der dunkleren Innenseite. Erst wenige Gäste sind bis jetzt eingetroffen, die sich wie wir orientieren. Unbemerkt tauschen wir das Nummernschild mit jener auf einer Tafel am Fenster des Schiffes. Kurz darauf lernen wir unsere Tischnachbarn kennen, die sich über die Sicht nach draußen, wie könnte dies auch anders sein, begeistert zeigen – ein in Regensburg lebendes Paar und zwei gemeinsam reisende, befreundete Damen, die alle, wie auch wir, die Unterhaltung lieben und auch gerne ein anregendes Getränk genießen.

Wir lassen den Tag in der Bierbar ausklingen. Dort treffen wir die beiden Ehepaare aus Franken, die beim Anflug neben uns in der gleichen Reihe saßen.

„Auch die Franken lieben das Bier und nicht nur den Wein", sage ich scherzhaft.

„Bier ist der ‚schönere' Durstlöscher", wirft einer der Männer ein. „Sie kennen doch den alten Werbespruch?" Ohne diesen aufzusagen, lässt er die Frage im Raum stehen.

Vera steht hinter dem Tresen, zapft und serviert mit Schaum, ganz zur Zufriedenheit ihrer ersten Gäste. Sie spricht ein paar Worte deutsch. Am Tag der Ankunft sei nie viel los, meint sie auf meinen Hinweis auf die leeren Stühle. „Morgen wird das anders sein. Kommen Sie wieder und sehen Sie selbst."

Wir verabschieden uns. Der Tag war lang und irgendwie anstrengend.

Einst und jetzt

Die Stiefel knallen rhythmisch. Mehrere tausend Soldaten marschieren im Stechschritt über das Kopfsteinpflaster vor der Tribüne an der Kremlmauer. Orchester schmettern Marschmusik. Soldatenlieder werden gesungen. Schwere Geschütze und Panzer rollen vorüber, gefolgt von Lafetten mit Fernlenkwaffen und einem geräuschvollen Schwarm von Düsenjägern am Himmel darüber. Dimitri Medwedew und Wladimir Putin, umrahmt von den Größen des sowjetischen Militärs und alle nicht mehr so finster blickend wie zur Zeit ihrer Vorgänger, werden von den Kameras der internationalen Fernsehgesellschaften eingefangen, die ihren Bericht vom „Jahrestag des Sieges" in alle Welt senden – so geschehen zuletzt vor wenigen Tagen am 9. Mai.

Russland stellt nach wie vor seine militärische Stärke eindrucksvoll zur Schau, um seinen Anspruch als Groß- und Führungsmacht zu untermauern. Einst standen Ulbricht und später Honecker neben den damaligen Staatspräsidenten. Sie waren Marionetten und merkten dies nicht. Der Empfang mit Bruderküssen vernebelte ihnen den klaren Blick. Auch Egon Bahr wurde auf russische Art bei der Ankunft am Flughafen geherzt und geküsst. Er trat als Vermittler in der Deutschen Sache auf, wobei man sich des Eindrucks nicht erwehren konnte, er würde nach zwei Seiten arbeiten.

Natürlich wird auch an das eigene Volk bei den von Waffen strotzenden Paraden gedacht. Die Menschen sollen auf etwas stolz sein können, und wenn dies ein Sieg vor fünfundsechzig Jahren war.

Wir erleben den Roten Platz ganz anders. Laute Musik tönt aus den Lautsprechern unterschiedlicher Veranstalter, die einen riesigen Vergnügungspark aufbauten. Der harte Beat einer Rockgruppe schmerzt in den Ohren. Jugendliche tummeln sich in Halfpipes als Skateboard-Fahrer oder Inline-Skater. Artisten und Tanzgruppen zeigen ihre Kunststücke. Schauspieler führen vor den Kulissen kleiner Bühnen Sketche und kurze Stücke auf und Tanzlustigen wird die Chance geboten, eine kesse Sohle aufs Parkett zu legen. Wir drängen uns mit Einheimischen und Fremden durch die enge Öffnung eines Absperrgitters, das den Roten Platz umrundet und zwischen den Schaubühnen und der Kremlmauer genügend Raum zum Flanieren lässt. Ordnungspolizisten mustern jeden Besucher einzeln und – wie in alten Zeiten – stehen harmlos, unauffällig und doch von allen wahrnehmbar einige „Geheime" in dunklen Anzügen oder schwarzen Lederjacken des aus dem KGB hervorgegangenen FSB, des Inlandsgeheimdienstes, in der Nähe.

Über allem thronen die neun bunten Zwiebeltürme der Basilius-Kathedrale. Iwan der Schreckliche ließ dieses kunstvolle Gotteshaus im 16. Jahrhundert für das tiefgläubige russische Volk errichten. Heute gilt es als ein Wahrzeichen der Stadt und dient als Museum, dem eine Ausstellung mittelalterlicher Waffen angegliedert wurde. Kaum einer weiß noch, dass der Bau zur Erinnerung an den Sieg über die Goldene Horde der Tataren in Kasan entstand.

Wer kann sich noch an den 28. Mai 1987 erinnern? An diesem Tag versuchte der deutsche Privatpilot Matthias Rust, über Finnland angeflogen, tolldreist seine Cessna auf dem „heiligsten" aller Plätze Russlands zu landen, was ihm wegen der vielen Besucher misslang. Daraufhin setzte er seine Maschine auf der Brücke über die Moskwa auf und brachte sie auf dem Platz für Omnibusse zum Stehen – dort wo wir in unmittelbarer Nachbarschaft zur Basilius-Kathedrale vor einigen Minuten ausgestiegen sind.

Am Erlöserturm mit der englischen Uhr und dem Glockenspiel vorbei überqueren wir den Roten Platz. Wir schreiten nicht, wir gehen mit gemächlichen Schritten, bestaunen die Mauer der Festung mit ihren Türmen, das Lenin-Mausoleum davor und das Historische Museum am nördlichen Ende, das an ein Märchenschloss erinnert.

Hier, auf dem weiten Gelände, wurde früher der große Markt abgehalten. Hierher kamen die Schaulustigen, wenn der Zar mit seinem Gefolge prunkvoll umherzog. Und hierher kamen die Gaffer, wenn aufständische Bojaren und rebellierende Strelitzen – Angehörige des niederen Adels und der Garde des Zaren – an der Richtstätte auf grausame Weise hingerichtet wurde. Heute finden, von den weniger gewordenen Paraden einmal abgesehen, Veranstaltungen zur Unterhaltung der Moskauer Bevölkerung und der Weihnachtsmarkt statt.

Der respektable, schlossähnliche Bau auf der Längsseite zur historischen Altstadt beinhaltet das berühmte Kaufhaus GUM. Normalverbraucher finden ihren Weg in das weltweite Luxusangebot nur noch aus Neugierde oder zum Aufwärmen im Winter. Zu teuer sind für sie die Waren der exklusiven Boutiqueläden von Armani, Chanel, Joop, Valentino, Bulgari, Calvin Klein, Bogner und all den anderen berühmten Designernamen. Mit den Blüten künstlicher Flieder- und Mandelbäume wird in den Galerien der ewige Frühling vorgegaukelt, den die rubelstarke Kundschaft am liebsten für sich auf alle Zeit pachten möchte. Die Geschäfte haben heute am Sonntag geöffnet, wenngleich sich der Andrang der Besucher in Grenzen hält. Sicherheitskräfte stehen vor und in den Läden und wer etwas auf sich hält, wird vom eigenen Bodyguard begleitet. Hier sind die Moskauer zu finden, die sonst nur in den Medien genannt werden. Reich, hübsch, langbeinig, mit hochhackigen Schuhen, Minirock und exquisitem Outfit – das sind die Mindestanforderungen bei den Frauen. Sie lieben es, klischeehaft wie eine blonde Barbie aufzutreten und sich am Rande des Exhibitionismus zu bewegen. Pro 7 startete 2010 die neue Spielshow „Solitary – Besieg dich selbst!" Manch eine der flotten Russinnen würde darin eine gute Figur geben. Bei den Männern werden der kleine Schwarze oder der einfache Dunkle bevorzugt, da sie die goldenen Halsketten und Armbänder und das gelackte Schuhwerk besser zur Geltung bringen. Wer weiß schon, dass Aenne Burda den Weg für die Mode in Russland bereitete. Mit Unterstützung von Michail Gorbatschow und vor allem dessen Frau Raisa durfte der Burda-Verlag bereits vor Jahren die aktuellsten Schnittmuster mit den Burda-Mode-Heften publik machen, die inzwischen mehrere Millionen Abnehmer fanden.

Der Größenwahn und die religiöse Ignoranz des Sowjetstaates machten vor nichts halt. Damit mehrere Panzer und mit Raketen bestückte Lafetten ungehindert und nebeneinander auf den Roten Platz auffahren konnten, wurden die Zwillingstore am nördlichen Ende des Platzes und die daneben stehende Kasaner-Kathedrale abgerissen. Die Orthodoxe Kirche Russlands wurde unterdrückt und der historische Hintergrund des Gotteshauses interessierte zu dieser Zeit niemand. Jetzt stehen die beiden Gebäude wieder. Sie wurden vor einigen Jahren nach altem Vorbild aufgebaut – das Tor zur Zierde des Platzes und die Kathedrale als Kleinod der historischen Altstadt. Der Küster schmückte den Eingang zur Kathedrale aus Anlass des heutigen Pfingstfestes mit Birkenreisig. Wir gehen hinein. Kerzenlicht erhellt den Hauptraum mit einem matten Schimmer. Weihrauch erfüllt die Luft. Die Besucher drängen sich aneinander. Der Pope, vor der Ikonenwand stehend, stimmt ein Rezitativ an, das ein Chor fortführt. Inbrünstig begleiten die Gläubigen das rituelle Geschehen. Die Heilige Pforte wurde noch nicht geöffnet. Der Blick auf den Altar dahinter bleibt vorerst versperrt. Die Ikone der Gottesmutter daneben mit einem segnenden Christuskind genießt eine große Verehrung. Dargestellt ist die Maria als Schutzpatronin der Stadt Kasan, die als besonders wundertätig gilt. Eine kleinere Marien-Ikone wurde auf einen Ständer vor die große Ikonostase gestellt. Mehrere Gläubige gehen zu ihr hin, bekreuzigen sich im orthodoxen Ritus und küssen die Ikone. Nach Minuten der Verinnerlichung kehren wir wieder auf den Roten Platz zurück.

Erinnerungen – lebendige und verblassende

Die von Schönwetterwölkchen begleitete Sonne lockte die Moskauer in die Parks zu ausgedehnten Sonntagsspaziergängen. Kleine und große Familien sind unterwegs; die meisten schick angezogen. Einige breiteten Decken aus, auf denen sie sich zum Picknick niederließen. Wir setzen uns auf eine Bank im Schatten einer Linde zu einem Pärchen und öffnen die Lunchpakete. Kinder spielen auf dem nahen Spielplatz. Den meisten Spaß haben sie damit, auf einer Entenfamilie zu reiten, die in Bronze gegossen als kleines Kunstwerk den Wegesrand säumt. Ein Junge zieht es vor, die in der Wiese am Ufer schlummernden Wildenten ins nahe Wasser zu treiben.

Jenseits eines kleinen Sees grüßen die Mauern und Türme einer mittelalterlichen Klosteranlage, das Nowodewitschij Monasterium, das Neue-Jungfrauen-Kloster. Trotz des Namens lebten hier oft mehr Frauen als der Männerwelt entsagende Novizinnen und Nonnen. Mehrere Zaren wiesen scharenweise die Witwen der aufständischen und hingerichteten Bojaren ein – oder ihre ungeliebten Ehehälften, um sich im Neuland orientieren zu können. Wer kennt schon auf Anhieb Sofia? Sie war die Halbschwester Peters I. Er verbannte sie hinter die vor unseren Augen liegenden Mauern, da sie ihm zu herrschsüchtig und gefährlich geworden war und die Strelitzen zum Putsch aufforderte. So wird Sofia durch diese Episode den Menschen immer wieder in Erinnerung gerufen.

Der barocke Baustil gibt der Anlage ein märchenhaftes Aussehen. Wir umrunden die Mauern. Vom Platz vor dem Haupttor des Klosters öffnet sich der Blick vorbei an den Zinnen und Türmen hinunter auf die Flussschleife der Moskwa. Leider reicht die Zeit nicht für einen Besuch der zahlreichen Kirchen und Paläste im Inneren. Auf uns wartet die Grablege der Prominenten auf dem angrenzenden Friedhof.

Der sonnige Frühlingstag lädt nicht nur uns, sondern auch zahlreiche einheimische Schaulustige zu einem Rundgang ein. Bereits wenige Schritte hinter dem großen Eisentor verlieren sich der Lärm und die Hektik der Großstadt. Stille herrscht in der Welt der Toten. Spärliches Licht fällt durch das Blätterdach alter Bäume auf einen Wirrwarr von Grabstätten. Eine ortskundige Führerin begleitet uns. Begeistert und fast in tänzerischen Posen erzählt sie gleich zu Beginn von einer mir weniger bekannten Ballettmeisterin. Skurriles findet sich gleich daneben Die Darstellung eines sterbenden Schwans auf der Grabplatte eines, wie sie betont, nicht minder berühmten Kollegen quittieren einige mit einem unterdrückten Lachen, auch ich.

Dann wird das Wissen wie in der Schule abgerufen. An den Ruhestätten von Nikolai Gogol und Anton Tschechow halten wir an. Beim Grab des Geigers David Oistrach kommt Freude bei mir auf; dann nochmals bei dem Pianisten Nikolai Rubinstein, der mich an die schnellen Läufe seines für mich unerreichten Bruders Anton Rubinstein erinnert. Auch Sergei Prokofjew ist mir bekannt, aber nicht so vertraut. Dimitri Schostakowitsch dagegen mehr, wenngleich ich mich an ihn, wie auch an Igor Strawinsky, bisher nicht gewöhnen konnte.

Auf manchen meiner früheren Reisen konnte ich einem Flug mit einer Tupolew oder Iluschin nicht ausweichen. Das Unbehagen war jedoch jedes Mal groß, da häufiger als bei Boeing oder Air Bus von Abstürzen berichtet wurde. Der Konstrukteur des ersten Flugzeugtyps, Andrei Tupolew, liegt nicht weit entfernt von dem anderen großen russischen Ingenieur begraben, Sergei Iluschin, der die zu seiner Zeit größte Flugmaschine der Welt erbauen ließ.

Nachdenklich werde ich bei den heute nicht mehr so geläufigen Namen, die Erinnerungen an den Kalten Krieg und Eisernen Vorhang wach rufen: Nikolai Bulganin, Nikita Chruschtschow, Wjatscheslaw Molotow, Anastas Mikojan und Andrei Gromyko. Chruschtschow trommelte 1960 in einem legendär gewordenen Wutanfall auf einer UNO-Vollversammlung mit seinem Schuh auf den Tisch. Der Hardliner Molotow ließ Bomben statt Nahrungsmittel auf finnische Flüchtlinge abwerfen, als diese aus Karelien vertrieben wurden. Die Finnen wehrten sich und erfanden als „Gegenwaffe" die Molotowcocktails, mit denen sie die anrollenden russischen Panzer in Brand setzten. Und unter dem langjährigen Außenminister Andrei Gromyko wäre eine deutsche Wiedervereinigung undenkbar gewesen. Zum Glück unterstützte der ihm später folgende Eduard Schewardnadse gemeinsam mit Michail Gorbatschow die Wende und die Zwei-plus-Vier-Verhandlungen.

Meine Mutter liebte Opernmusik. Ab und zu zog sie mit der Kurbel ihren alten Schallplattenspieler von His Master's Voice auf. Vorsichtig ließ sie die Abtastnadel in die äußere Fangrille der aufgelegten schwarzen Scheibe gleiten und lauschte andächtig den Stimmen aus dem eingebauten Lautsprecher. La Boheme und Madame Butterfly von Giacomo Puccini mochte sie gerne. Die Arien sang der große italienische Tenor Enrico Caruso. Ihr Lieblingsstück war jedoch die Oper Boris Godunow von Modest Musorgski, der das gleichnamige Drama von Alexander Puschkin vertonte. Noch immer klingt mir, der ich gemeinsam mit ihr zuhörte, die vertraute Stimme Fjodor Schaljapins im Ohr – in manchen Passagen warm und sanft, meist jedoch dunkel und kraftvoll. Ob sie je ein Bild von ihm in einer Zeitung sah, weiß ich nicht. Ihre Begeisterung von dem Mann mit der weltbekannten Bassstimme wäre womöglich noch inniger geworden. Gut aussehend und in Überlebensgröße sitzt er mit ausgestreckten Beinen wie auf einer Ottomane in Stein gemeißelt auf seiner letzten Ruhestätte vor mir. Er war Künstler und ein in der Damenwelt beliebter Lebemann, der in Paris verstarb und dessen Gebeine hierher nach Moskau umgebettet wurden.

Einem Blütenmeer gleicht die Grabstätte Raisa Gorbatschowas. Sie war eine bemerkenswerte Frau – Soziologin, Philosophin, First Lady an der Seite ihres Mannes, einflussreich, sozial und kulturell stark engagiert. Sie erinnert mich an Hannelore Kohl, die ebenfalls einflussreiche First Lady an der Seite ihres Mannes, die ständig im sozialen Einsatz mit ihrer eigenen Stiftung war und der ich einmal persönlich begegnen durfte.

Wir wenden uns langsam dem Ausgang zu. Ein weiß-blau-rot in den Farben Russland gehülltes Grabmonument zieht die Aufmerksamkeit an

– die Ruhestätte Boris Jelzins, dessen Alkoholeskapaden stärker in Erinnerung blieben als seine Entscheidungen zur Modernisierung Russlands in Fortführung von Gorbatschows Glasnost und Perestroika..

Nur beiläufig erwähnt die Führerin den Namen Mstislaw Rostropowitsch. Irene und ich halten spontan inne. Was für ein Künstler! Wenn „Rosti", wie wir ihn liebevoll nennen, mit dem Bogen die Saiten seines Cellos strich, waren Entzücken, Gänsehaut und Enthusiasmus angesagt.

Mstislaw Rostropowitsch
*27.3.1926 † 27.4.2007

Auch wir durften mit großer Faszination seinem virtuosen Spiel bei einem seiner Konzerte in unserer kleinen Stadt lauschen. Rostropowitsch gründete eine eigene Stiftung zur Förderung junger Talente – die Rostropowitsch Cello Foundation – und brachte sie in die Kronberg Academy ein. In den Meisterkursen wird sein Werk fortgesetzt. Ihm zu Ehren wurde im Schulgarten ein Denkmal errichtet. Gewinnend lächelt er dort von seinem Sockel.

Den ersten Ausflug in die Innenstadt zu ausgewählten geschichtlichen Plätzen Moskaus beenden wir mit einem Gang über den Arbat. Die heutige Fußgängerzone war ursprünglich eine Einfallstraße für Händler und Mittelpunkt eines Handwerkerquartiers, das sich im Lauf der Jahre zu einem Wohnviertel des Adels, von Staatsbeamten, wohlhabender Kaufleute und einiger Künstler entwickelte. Unser Bus hält am Boulevardring, direkt am westlichen Ende des Arbat vor dem Außenministerium.

Dieser russische Wolkenkratzer im Zuckerbäckerstil der Stalinzeit passt so gar nicht ins Bild der schmucken, wie neu heruntergeputzten feinen Häuser, zwischen denen wir sogleich hindurchspazieren. Barock, Klassizismus, Empire und Jugendstil bilden ein nobles Ensemble. Zweigeschossige Wohnhäuser wechseln mit mehrgeschossigen Mietshäusern und einigen kleinen Stadtpalais. Wir hören Namen über Namen, von denen nur Alexander Puschkin im Gedächtnis bleibt, der hier für einige Monate mit seiner Frau Natalja wohnte. Sie soll sehr hübsch gewesen sein. Ein Denkmal erinnert an die beiden.

An einem wuchtigen Haus mit Säulen und Pilastern machen wir Halt. Es ist ein Theater, an dessen Seite die Figur der Turandot auf einem Springbrunnen in der Sonne glänzt. Der Venezianer Carlo Gozzi schrieb ein tragikomisches Märchen, das hier aufgeführt wurde. Auch eine Oper gleichen Namens existiert, deren Melodien Giacomo Puccini schrieb. Das alles interessiert womöglich die jungen Leute weniger, die auf der steinernen Bank an der Hauswand sitzen und Cola aus Dosen trinken oder am Brunnenrand lehnen und sich vor der vergoldeten Statue der Turandot fotografieren lassen – schlank fast zierlich hat sie der Künstler dargestellt, im kessen kurzen Faltenrock.

Wir drehen bei und wandern zurück. Die Straße sieht noch immer nobel aus, obwohl der ganze Arbat längst kein Nobelviertel mehr ist. Maler und Zeichner bieten ihre Kunst an: Porträts und Karikaturen im Schnellverfahren, in bunten Aquarellfarben gebannte Straßenzüge, Szenen an der Moskwa, die Basilius-Kathedrale mit ihren Zwiebeltürmen und die Kirchen des Kremls. An Ständen und in den wenigen Geschäften werden Matrjoschkas, das sind aus Holz gefertigte und bunt bemalte Puppen in Puppen, und andere Souvenirs bereitgehalten. Im Schatten eines Baumes spielt ein Mann auf einer Querflöte in der Hoffnung auf ein paar Rubel. Ein anderer, gleich daneben, bietet einen ganzen Strauß Luftballons zum Kauf und ein weiterer, mit einem Raben auf der Schulter, macht mit einer kleinen Holzflöte musikalisch Konkurrenz. Wenig Beachtung findet ein Pantomime im silbergrauen, engen Hosenanzug und mit silbrig gefärbter Haut des Gesichts und der Hände. Umringt wird dagegen der Eisverkäufer; kein Wunder bei den inzwischen hochsommerlichen Temperaturen. Erwachsene und Kinder schlecken wie um die Wette an der köstlich-kühlen Speise.

Elegante Lokale sollen hier einst eine zahlungskräftige Kundschaft verwöhnt haben. Das Praga bietet noch immer Sowjet-Nostalgie der goldenen Zeiten für die ältere Generation auf höchstem Niveau. Sonst haben McDonald's, Hard Rock Cafe und Starbucks für den kleinen Geldbeutel geöffnet. Amerikanisches Fastfood scheint den vielen jungen Besuchern nach beliebt zu sein. Die Tische und Stühle vor dem Haus sind fast alle besetzt. Artig stehen junge Leute am Straßenschalter in einer langen Schlange für einen Big Mac an und bei Starbucks Coffee drängen sich die Besucher auf den Plätzen im Schatten großer Sonnenschirme. Nur die Sitze in der Sonne bleiben frei.

Ein italienisches Restaurant wirbt mit Segafredo. Der Kellner winkt jedoch ab, als wir zwei Cappuccino bestellen wollen, obwohl um 3 Uhr nachmittags die Tischzeit längst vorbei ist. So kehren wir schräg gegenüber in das PECTOPAH ein, in das einheimische Restaurant am Arbat, wie das russische Wort heißt. Im Straßengarten wird Bier vom Fass ausgeschenkt. Wir nicken dem Ehepaar aus Düsseldorf zu, das auf dem Schiff ganz in unserer Nähe seinen Stammplatz hat.

„Das sieht aber gut aus", bemerke ich anerkennend mit einem Blick auf die gehäuften Teller der beiden.

„Wir mussten lange darauf warten", gibt er zum Besten, während seine Frau, sie sitzen nebeneinander und nicht gegenüber, stier durch mich hindurch sieht.

Warum erinnert sie mich an Greta Garbo? Die Göttliche wurde sie auch genannt, sie, der laszive Vamp der 20-er und 30-er Jahre des letzten Jahrhunderts, die in Dämon Weib ihre erste große Rolle spielte. Leicht verstohlen, so als würde ich nach einer Bedienung Ausschau halten, drehe ich mich zu ihr um. Sie liebt schwarze und schwarz-weiß gemusterte Kleidung, weite und lange Jacken über langen und wallenden Röcken oder Hosen mit überweiten und flatternden Beinen. Ganz anders als die Schwedin ist sie nicht groß, was sie auch nicht durch hohe Schuhe ausgleicht. Selbstverliebt und sich selbst bewundernd kommt sie stets einher, wie auf der Suche nach dem Jungbrunnen und der Quelle der Unsterblichkeit. Die Haltung des Kopfes und ihr Blick sind es vermutlich, die mich an die Schauspielerin erinnern, von der sie doch sehr weit entfernt ist. Welchem Schönheitsideal die Düsseldorferin wohl nachläuft? Oder macht sie sich ganz einfach schön für sich selbst nach ihrem eigenen Muster?

Die Brauerei Tinkoff eröffnete kürzlich im Viertel des Arbat ein großes Restaurant. Die Filiale des Tinkoff aus St. Petersburg sei absolut „in", wird in der Internetzeitung „Russland-Aktuell" berichtet, ebenso wie der private Club „A priori". Hier spielt die Szene Roulette und trinkt dabei Wodka. Eingelassen wird, wer die Gesichtskontrolle besteht. Für beide Empfehlungen bleibt uns jedoch keine Zeit.

Zentren der Macht

Manfred war schon vor mir da. Er war ein erfolgreicher Handwerksmeister und Unternehmer. Vor vielen Jahren stand ich mit ihm in enger und für beide Seiten fruchtbarer Geschäftsbeziehung. Er betätigte sich aktiv im Verbund junger Unternehmer, begleitete mehreren Ausschüsse der Handwerkskammer und war Mitglied in der Jungen Union. Das alles brachte ihm zahlreiche Kontakte, die über Jahrzehnte anhielten und sich sehr positiv auf die Entwicklung seines Unternehmens auswirkten.

Erlernt hatte Manfred den Beruf des Klempners, der auch Spengler genant wird. Seine Meisterprüfung legte er als Kupferschmied ab. Einen Namen über seine Vaterstadt hinaus machte er sich durch seine Arbeiten am Dom zu Münster und an einigen Schlössern im Münsterland, die von ihm und seinen Mitarbeitern mit Kupfer neu bedacht wurden.

Gekrönt wurde Manfreds berufliche Tätigkeit Mitte der 1990-er Jahre. In Kooperation mit einem westfälischen Stahlbauunternehmen erhielt er den Zuschlag für die Ausführung der Kupferarbeiten am vertraulichen Projekt Wintergarten für den Kreml in Moskau. Im Innenhof des Amtssitzes des Präsidenten, der damals Boris Jelzin hieß, wurden drei miteinander verbundene und verglaste Pavillons errichtet. Auf zwei Pavillons wurden Kuppeln aus Kupfer aufgesetzt, die er von seinem Sohn Frank installieren ließ.

Persönlich war und ist Manfred ein überaus lebensfroher Typ, den der Schalk aus den Augen blickt. Wie er erzählte, wurde das Werk nach getaner Arbeit mit einem kräftigen Schluck Wodka im traditionsreichen Hotel Metropol ganz in der Nähe des Kremls begossen.

So sehr wir auch unsere Hälse auf unserem Rundgang durch den Kreml verrenken, der Wintergarten und Manfreds Kuppeln bleiben uns verborgen – das touristische Publikum hat natürlich keinen Zugang zum Senatspalast, in dem seit Mai 2008 Dimitri Medwedew regiert.

Der Kreml wurde auf einem Hügel erbaut. Über das streng bewachte Westtor gelangten wir ins Innere der Festungsmauern. Der Doppeladler prangt auf der Stirnseite des Kongresspalastes, der Rote Stern leuchtet von der Spitze des Dreifaltigkeitsturms, durch dessen Tor wir soeben schritten und auf mehreren Masten weht die weiß-blau-rote Flagge der Russischen Föderation. Welches Regime grausamer war, das Zarenreich oder der Sowjetstaat, müssen die Russen selbst beantworten. Die einen knechteten die Landbevölkerung als Leibeigene und die anderen brachten Millionen ihrer Gegner in den Lagern des Gulag um.

Der Doppeladler der Zaren mit Zepter und Reichsapfel symbolisierte die Vereinigung von weltlicher und oberster kirchlicher Macht, zumal dem Reichsapfel eine Kreuz aufgesetzt war. Die Russische Föderation übernahm diese Symbole, fügte den Doppeladlern eine verbindende dritte Krone hinzu und ergänzte das Wappen um ein Schild mit dem heiligen Ritter St. Georg.

Auch wenn die Zeit der Sowjets längst der Vergangenheit angehört, tragen viele Turmspitzen in Moskau und ganz Russland noch immer den Roten Stern. Jene auf den Türmen des Kremls haben gewaltige Ausmaße. Ihr Rubinglas strahlt von innen beleuchtet weit über das nächtliche Moskau.

Wuchtig, wehrhaft und fast abweisend wirken die dunkelroten Backsteinmauern des Kremls auf den Betrachter von außen. Eine aufgelockerte Leichtigkeit empfängt den Besucher, sobald er die Straßen, Wege und Plätze im Inneren erreicht.

Das Arsenal, der Senatspalast und das Gebäude des Präsidiums des Obersten Sowjets überraschen in einem freundlichen Gewand der klassizistischen Epoche mit einem Verputz im warmen Gelb, aufgelockert durch die weißen Verzierungen und Fenster.

Auf den Gehsteigen können wir uns unbehelligt und ungezwungen bewegen. Doch bereits ein Schritt zurück auf eine der Straßen zur Verbesserung der Sichtposition des Fotografen löst scharfe Pfiffe eines der wachhabenden Polizisten aus, die allerdings mehr den Verkehr der

Dienstfahrzeuge zu regeln haben und weniger den Strom der vielen Besucher.

Nicht ins Bild passt der nüchterne und graue Kongresspalast aus der Zeit Chruschtschows. Wir gehen an ihm vorbei zum Patriarchenpalast, der vom obersten Hüter der russisch-orthodoxen Kirche nicht mehr bewohnt wird. Dieser residiert seit Beginn der politischen Neuzeit Russlands im Danilow-Kloster am Rande der Stadt. Unter der zum Patriarchenpalast gehörenden Hauskirche Zu den Zwölf Aposteln führt unser Weg durch ein Doppeltor hinaus ins historische Zentrum der religiösen Macht des Mittelalters, zum Platz der Kathedralen.

Kuppeln über Kuppeln umgeben uns, deren goldener Glanz ab und an von der heute spärlichen Sonne geweckt wird. Sie streben zum Himmel auf. Das orthodoxe Kreuz auf der Spitze jeder Einzelnen erinnert die Gläubigen daran, dass der Weg dorthin mühselig sein wird und aufrechten Glauben voraussetzt.

Welche der fünf Kathedralen die Schönste ist, mag jeder für sich beantworten. Jede hat ihre eigene Bedeutung. In der Uspenskij-Kathedrale, was mit Maria-Himmelfahrts-Kathedrale übersetzt werden kann, wurden sowohl die Großfürsten eingesetzt und später die Zaren gekrönt als auch die Metropoliten und Patriarchen in ihr Amt eingeführt. Die Maria-Gewandlegungs-Kirche mag sich dahinter bescheiden ausmachen, doch sie diente den Metropoliten und Patriarchen als ihre Hauskirche.

Wir besuchen die Erzengel-Michael-Kathedrale. Hier ließen sich die Zaren beisetzen, die dort Seite an Seite ruhen, bis die Romanows ihre Residenz nach St. Petersburg verlegten. Bemerkenswerter empfinde ich einige Fresken, die Szenen aus dem russischen Alltag des Mittelalters und den Kampf um die Einheit der Rus zeigen, für die vor allem der Fürst Alexander Newskij steht, der die eindringenden Schweden und die Deutschen des Ritterordens zurückschlug.

Der weitere Rundgang führt an der Maria-Verkündigungs-Kathedrale und seitlich am großen Kremlpalast vorbei. Schräg dahinter erspähen wir die elf zierlichen Kuppeln der zum alten Terjem-Palast gehörenden Hauskapellen, die kunstvoll gearbeitete, filigrane Kreuze tragen. Hierhin zogen sich der Zar, die Zarin und der Zarewitsch mit seinen Schwestern zurück, wenn sie ob ihrer Missetaten Einkehr hielten oder Erlösung von der familiären Knechtschaft suchten.

Dominiert wird der Kathedralenplatz von einem Glockenturm, der den Namen Iwan der Große trägt und selbst über die Baumwipfel des kleinen Parks im Südosten des Kremls ringsum zu sehen ist.

Noch einmal passieren wir den Senatspalast, jetzt näher als zuvor. Mehrere schwarze Limousinen fahren vor und halten am seitlichen Tor, dort wo auch Manfreds Kupferkuppeln in Segmente zerlegt ins Innere gelangten. Ob Präsident Medwedew heute in einer Sitzungspause seine Gäste zur Entspannung in den Wintergarten führt? Vielleicht.

Wieder draußen durchwandern wir den Alexandergarten unterhalb der Kremlmauer. Am Grab des Unbekannten Soldaten halten wir inmitten vieler Einheimischer für kurze Zeit inne. Der Cousin meines Vaters fiel in Stalingrad 1942; einer von Tausenden.

Wenige Schritte weiter pulsiert das Leben. Mehrere Cafeterias und Bistros, ein Eiscafé und ein Imbiss von McDonald's locken die jungen Leute an, die das sommerliche Wetter nutzen und im Freien sitzen. Unter dem riesigen Manegeplatz entstand vor ein paar Jahren über drei Stockwerke verteilt das größte Einkaufszentrum Russlands, das uns weniger interessiert als die vielen Menschen auf dem Platz und vor dem zum Roten Platz führenden Nordtor. Trachtengruppen führen Tänze auf. Männer stehen im Kreis und singen. Ein Veteran, in weißer Offiziersjacke und mit Schirmmütze, schwenkt eine russische Fahne. Eine Gruppe junger Uniformierter übt in Viererreihen den Gleichschritt; auch einige Frauen sind darunter.

„Das ist der Moskauer Polizeinachwuchs", sagt ein Passant zu uns. Auf einem Schild, das er sich um den Hals hängte, steht: Ich spreche deutsch. „Suchen Sie einen Stadtführer?"

„Nein, danke. Wir kommen eben von einem organisierten Rundgang."

„Ich könnte Ihnen in Kitajgorod, das ist die Altstadt gleich neben dem Kreml, so manches versteckte Kleinod zeigen."

„Das wäre sicher für uns ehr interessant, aber leider reicht die Zeit nicht."

Ich blicke auf die Uhr und dränge weiter. Für den Nachmittag entschlossen wir uns zu einer Fahrt auf der Moskwa – eine gemütliche Aktion, die zum Teil bereits Bekanntes aus einer anderen Perspektive eröffnet und für uns auch Neues aus nächster Nähe zeigt.

Den Weg zum Schiffsanleger dominiert zuerst noch einmal die Macht des Staates, dann aber – und das ist für Moskau und Russland neu – die Macht des Geldes, die Macht der Oligarchen.

Im mächtigen Weißen Haus präsidiert Wladimir Putin mit seinem Stab. Er hat viel zu sagen, ganz im Gegensatz zu seinen Ministern und Staatssekretären, die mehr oder weniger ausführende Tätigkeiten verrichten. Ob Putin tatsächlich die eigentliche Macht des Staates verkörpert? Schreiberlinge der Presse behaupten dies in unseren Breitengraden – wohl ohne echten Beweis.

Das große weiße Gebäude wurde von unserer Öffentlichkeit erstmals richtig wahrgenommen, als Altkommunisten 1993 gegen Boris Jelzin zu putschen versuchten. Die Einschläge der Schüsse und die Brandspuren sind längst beseitigt worden. Die weiße Marmorfassade wirkt imposant wie eh und je zuvor.

Schräg gegenüber, auf dem anderen Ufer der Moskwa, baute der moderne Geldadel Russlands eine eigene Stadt – Moskau-City wird sie genannt. Hier residiert die wirtschaftliche Macht des Landes. Futuristische Wolkenkratzer bilden im Bündel neben alten Plattenbauten ein kontrastreiches Miteinander.

Stalin hätte vermutlich die Architektur als entartet bezeichnet. Keine Zuckerbäckerverzierungen, keine Monumentalskulpturen, keine roten Sterne – nur Glasfassaden, himmelwärts aufgestellt, teils fertig, teils bezogen, teils zum Kauf stehend, teils noch im Bau.

Moskau rückt mit dieser Zukunftsvision an die fünfte Stelle der teuersten Städte der Welt. 8.000 bis 10.000 US$ soll hier der Quadratmeter kosten. Wer kann das in Rubel bezahlen? Wie kamen die Oligarchen an ihr Geld?

„Korruption in Russland: Es läuft wie geschmiert", lautet eine aktuelle Pressemitteilung und eine andere: „Baubeamter ist seiner Frau treu – bei Auftragsvergabe." Er schloss Verträge mit ihm nahe stehenden Firmen, wie weiter berichtet wird. Seine Frau ist Hauptaktionärin einer dieser Baufirmen.

Das große Geld wurde jedoch bereits zur Zeit der russischen Wende gemacht – durch illegale Importe im großen Stil, die rasch versilbert wurden oder durch Kredite für den Aufkauf privatisierter Industrieunternehmen durch ehemalige Funktionäre, die anschließend die Liegenschaften als Sicherheit an die Banken verpfändeten.

Dem Kreml gegenüber auf der Südseite soll ein neuer renditeträchtiger Büro- und Wohnkomplex entstehen. Moskauer Denkmalschützer kämpfen in diesen Tagen gegen die Abrissbirne, um die Zerstörung historischer Bauten, darunter die barocke Auferstehungskirche aus dem 17. Jahrhundert, zu verhindern. Aufzuhalten ist die Zukunft jedoch nicht.

Wir drehen eine Schleife mit dem Schiff vor der Kulisse der neuen City im Hintergrund, blicken noch einmal zum kolossalen Turm der Lomonosow-Universität auf den Sperlingsbergen hinauf und hinüber zum Rund des Olympiastadions.

Dann fahren wir direkt auf ein weiteres Symbol russischer Macht zu, der Macht der Kirche. Sie war für alle Epochen der russischen Geschichte gegenwärtig, obwohl sie oft beschnitten wurde. Selbst Stalin wagte nicht, sie ganz zu unterdrücken, sondern nutzte sie zur Vervollkommnung seiner eigenen Machtausübung. Kurios bleibt trotzdem die Geschichte der Christi-Erlöser-Kathedrale, deren Silhouette nach der Durchfahrt eines Brückenbogens flussabwärts am linken Ufer der Moskwa auftaucht. Zur Erinnerung an den Abzug der Truppen Napoleons anfangs des 19. Jahrhunderts errichtet, musste sie in der Sowjetzeit einer monumentalen Palastidee weichen, die jedoch nie realisiert werden konnte. Unmittelbar nach der Wende wurde mit dem Wiederaufbau begonnen. Zum 850-jährigen Jubiläum der Stadt Moskau konnte das Gotteshaus geweiht werden. Heute ist die Kathedrale die Hauptkirche der Stadt und des Metropoliten – ein glanzvoller Bau, der den Touristen als Fotomotiv dient, sonst aber wenig Beachtung findet.

Auf dem Rückweg zur Anlegestelle der Ivan Bunin im Nordhafen dreht der Busfahrer für uns eine letzte Runde, vorbei an der klassizistischen Staatsbibliothek, der Manege genannten ehemaligen Reitschule, der alten Universität und den Hotels Moskwa, National und Metropol.

Das Bolschoitheater kommt in Sicht. Die lange Rotphase einer Ampel schenkt uns fast eine Minute zum Studium der klassisch gestalteten Front mit ihrer hohen Kolonnade, einer Quadriga auf einem vorgesetzten kleineren Giebel und den beiden geflügelten Löwen im Dreieck des Hauptgiebels. Leider war ein Besuch während unseres Aufenthalts in

Moskau weder möglich noch reizvoll. Zum einen waren alle Karten für die beiden Premierenabende des Balletts „La fille mal gardée" reserviert und verkauft, zum anderen stellte der weniger bekannte französische Komponist Louis Herold kein Zugpferd dar.

Zum letzten Mal fahren wir danach auf der lebhaften Twerskaja-Straße aus der Stadt hinaus. Mühsam entziffere ich die kyrillischen Schriftzüge vom Kino Rossija und dem Café Puschkin. Vorbei am imposanten Hotel Peking erreichen wir die Leningrader Chaussee, die in St. Petersburger Chaussee umgetauft wurde. Sie führt über die Städte Twer, Wischny Wolotschok und Nowgorod direkt nach St. Petersburg, dem Endziel auch unserer Reise, das wir auf ganz andere Weise und in einem weiten Bogen in sechs Tagen erreichen werden.

Alle Passagiere sind rechtzeitig an Bord. Pünktlich um 17:30 Uhr heißt es erstmals „Leinen Los". Wir beobachten die Manöver des Ablegens vom Achterdeck aus. Langsam nimmt unser Flusskreuzfahrtschiff, die MS Ivan Bunin, Fahrt auf. Mit 18 Knoten gleiten wir auf dem Chimkinskoje-Stausee dahin, der das große Becken des Nordhafens bildet. Das protzige Verwaltungsgebäude ist schon bald nicht mehr auszumachen. Nur der Rote Stern auf der Turmspitze leuchtet noch einmal wie ein Abschiedssignal, als sich die bereits tief stehende Sonne in seinem Rubinglas bricht.

In den Docks des Frachthafens drehen sich die Kräne. Schiffe werden be- und entladen, Container wie Legobausteine gestapelt, Bordwände gestrichen. Lastwagen rangieren. Funken eines Schweißgerätes sprühen auf einem verrosteten Tanker, der im Trockenen steht.

Ein Neubauviertel taucht am Stadtrand auf: Drei Turmhäuser mit Büros und Wohnungen, ein gläserner Rundbau für Veranstaltungen, dazwischen flache Ladengalerien eines Einkaufzentrums. Der Baustil, die tempelartigen Aufbauten, die architektonischen Schmuckelemente und die Verkleidung der Fronten erinnern mich an ähnliche moderne Komplexe in den Vereinigten Staaten – ein Moskau, das ich so gar nicht erwartet hätte.

Kurz darauf erreicht die Ivan Bunin das Ende des Stausees. Die hohen Kaimauern versinken im Wasser. Die Ufer rücken näher. Wir befahren jetzt den Moskwa-Kanal, der auf 128 km Länge die Moskwa mit der Wolga verbindet. Birkenwälder lösen das Häusermeer der Hauptstadt

Russlands ab. Von jetzt an wechseln sanfte und steile Böschungen. Dazwischen breiten sich Lichtungen aus, in denen Häuser stehen – die so heiß geliebten Datschen der Russen. Unser Schiff nimmt Kurs auf das 263 km entfernte Uglitsch.

Gedanken im Morgengrauen

Ein Stoß beendet abrupt meinen Schlaf. Ich schiebe den Vorhang ein wenig zur Seite. Das Schiff befindet sich in einer Schleuse. Wegen eines defekten Pollers schlug es beim Andocken an die Mauer. Das Geräusch und ein Zittern der Bordwand haben mich geweckt.

Wolken und Nebelschwaden hüllen die Landschaft in einen grauen Schleier, als ich einige Zeit später an Deck gehe. Leichter Regen fällt. Die Ivan Bunin fährt bereits auf die nächste und letzte Schleuse dieses Kanals zu, die den Weg zur Wolga freigeben wird. Angespannt beobachte ich die Manöver – das Einfahren und Festmachen, das Schließen des Tores hinter dem Schiff, das Absenken des Wassers, das Öffnen des gewaltigen vorderen Tores und die Ausfahrt. Vorsichtig steuert der Kapitän hinaus auf das letzte kurze Stück des Kanals zur Wolga.

Was für ein Fluss! Die Wolga entspringt in den Waldaischen Höhen im Westen Russlands und ergießt sich nach 3.530 km in das Kaspische Meer. Sie ist der längste Fluss Europas – einer der größten und wasserreichsten der Welt.

Auf der Steuerbordseite, in Fahrtrichtung rechts, sind einige Häuser der Ortschaft Dubna zu sehen, an denen das Schiff vorbeizieht.

Zur Linken staut sich der Fluss zu einem großen See, dessen Ende, so sehr ich mich auch anstrenge, nicht auszumachen ist. Etwa 100 km stromaufwärts liegt die Stadt Twer, bei der die Twersa in die Wolga mündet. In Gedanken folge ich diesem Fluss weitere 130 km aufwärts bis nach Wyschni Wolotschok. Warum ich diesen Ort erwähne?

Es gibt Orte der Sehnsucht und der Hoffnung, des Alltäglichen, des gewohnten Miteinanders, der Gleichgültigkeit, der Bedeutungslosigkeit, der Wehmut, des Vergessens – aber auch des Schicksals, des Grauens, der Verzweiflung und der Mahnung.

Dabei können mehrere Empfindungen zusammentreffen. Was für die einen die geliebte Heimat ist, bleibt den anderen als schrecklicher Gulag in Erinnerung – als ein Ort der Gefangenschaft, der Ausbeutung, des Leidens, der Erniedrigung und der Schmach.

Auf Wyschni Wolotschok trifft dies zum Beispiel zu, jener Kleinstadt im europäischen Teil Russlands, fast in der Mitte zwischen Moskau und St. Petersburg.

Heute leben dort 53.000 Männer, Frauen und Kinder. Kurz vor dem Ende des Zweiten Weltkrieges richteten die Sowjets am südlichen Rand der Stadt das Kriegsgefangenenlager 216 ein. Mehrere tausend Soldaten wurden dorthin interniert und zur Zwangsarbeit angehalten. Einer von Ihnen war mein Vater. Er überlebte.

Mehr als 2.000 Kameraden fanden allein in diesem Lager den Tod. Sie wurden in einem nahen Massengrab menschenunwürdig verscharrt. Freud und Leid lagen in Wyschni Wolotschok über Jahre hinweg nahe beieinander.

Der Ort liegt in einer weiten Fluss- und Seenlandschaft der Waldaischen Höhen eingebettet, einem Quellgebiet, das zugleich Wasserscheide ist. Die kleinen Flüsse Schlino und die Zna fließen hier zusammen und dann weiter als Msta nach Norden zum Ilmensee und über die Wolchow zur Newa und dann in die Ostsee. Die Twersa schlängelt sich an Wyschni Wolotschok östlich vorbei nach Süden zur Wolga.

Das 18. Jahrhundert brachte dem Ort erstmals großes Wachstum, als Zar Peter I. der Große St. Petersburg gründete und zur Residenz erhob. Zwischen der neuen und der alten Hauptstadt wurde eine Handels- und zugleich Militärstraße gebaut. Ferner gab Peter der Große den Bau eines Verbindungskanals zwischen den Flusssystemen der Newa und der Wolga und damit zwischen der Ostsee und dem Kaspischen Meer in Auftrag, der1722 in Betrieb genommen werden konnte. Händler kamen vorbei, das Handwerk und Kleingewerbe blühte.

Das Fluss- und Kanalsystem versandete im Lauf der Jahre. Während der Zeit der Sowjetunion veranlassten deshalb die zuständigen Behörden, die Wasserläufe in der Stadt und im nahen Umkreis zu erneuern und zu verbessern. Die Zna wurde zu einem großen See gestaut, der Aushub der alten und der Bau neuer und größerer Kanäle angeordnet. Die Kriegsgefangenen des Lagers 216 mussten mit primitiven Werkzeugen und technischen Mitteln den Kanal in der Nähe ihres Lagers ausheben, der heute als Twerskoi Kanal bekannt ist.

Twerskoi Kanal
Von der Straße Moskau - St. Petersburg

Das Arbeitssoll war hoch, die Arbeitsbedingungen waren unmenschlich. Die Nahrung bestand meist nur aus dünner, wässeriger Suppe und Brot. Wenn eine Arbeitsgruppe ihr Soll nicht erfüllte, kürzte die Lagerleitung die Essensration. Das Problem potenzierte sich, da entkräftete Menschen die schwere Arbeit erst recht nicht vollbringen konnten. Viele fanden vor Erschöpfung und durch Krankheit den Tod.

Während mein Blick über die Baumwipfel der Uferböschung nach Norden gleitet, muss ich an meinen Vater denken. Dank seiner bärenstarken Gesundheit überlebte er die grausame Zeit der russischen Gefangenschaft im Kriegsgefangenenlager 216 in Wyschni Wolotschok. Am 3. März 1948 kehrte er in seine Heimatstadt Nürnberg zurück, wo er seine geliebte Familie in die Arme schließen konnte.

Beim Zarewitsch in Uglitsch

Wohltuend empfinde ich die Ruhe an Deck des Schiffes. Der Nieselregen hat aufgehört. Wechselhaftes Wetter stellte sich ein, das ab und zu auch einen Sonnenstrahl bereithält. Heitere Gesichter sehe ich ringsum, von Mitreisenden denen es wie mir ergeht – gut, einfach gut. Von Hektik keine Spur mehr.

Der unvorstellbar dichte und laute Verkehr in Moskau zehrte an den Nerven, auch wenn man selbst nicht am Steuer saß. Mehrere Millionen Autos zwängen sich von früh bis spät durch die zwar breiten, letztendlich doch viel zu engen Straßen. Staus und Verspätungen gehören zum Alltag. In der Metro ein ähnliches Bild. Auch hier herrscht fieberhaftes Gedränge. 19 Millionen Menschen suchen, wie wir hörten, täglich ihren Weg zur Arbeit, zum Einkaufen oder zu einem anderen Ziel und wieder zurück. Fast 9 Millionen davon befördert die Metro. Gestern unternahmen wir eine Rundfahrt – sie gehört nun mal zum Muss eines Moskaubesuches. Sechs Stationen lernten wir kennen. Oder waren es acht? Kein Bahnhof gleicht einem anderen. Barocke Verspieltheit wechselt mit martialischer Schwere gefolgt von einer avantgardistisch zu nennenden modernen Leichtigkeit. Besonders prunkvoll blieb mir die Station Komsomolskaja in Erinnerung. Achteckige Säulen stützen die mit Mosaiken ausgelegte Hallendecke, von der mächtige Kronleuchter hängen. Pompös, fast schwülstig wirkte dagegen die Kiewskaja am Ring. Das Bogengewölbe der Belorusskaja zieren Mosaike mit Motiven Weißrusslands und die Station Ochotny Ryad zeigte sich in kühler Klassik mit einem antiken Tonnengewölbe.

Hier an der Wolga malen die Natur und das Leben ihre Bilder. Grün schimmert der Fluss, wenn sich das Laub der Uferböschung in ihm spiegelt, blau wenn sich das Licht der Sonne bricht und grau wenn dunkle Wolken vorüberziehen.

Mehrfach versuchen Fischer ihr Glück; meist mit Schwimmer, einer drillt. Ein verwaister Grillplatz an einer Biegung wartet auf Gäste. Drei Jugendliche schlagen ihr Zelt an einer flacheren Stelle auf. Daneben baden an einer Sandbank beleibte Männer; alle so weiß wie Käse. Eine lustige, scherzende Familie verzehrt Würste und Eier im Schneidersitz im Grünen. Ihr Hund schnappt in die kleinen sich brechenden Wellen am Strand. Birken stehen ungeordnet dahinter am Ufer. Datschen schauen dazwischen hervor; selten einzeln stehend, meist in Gruppen. Möwen ziehen vorbei. Krähen kreischen. Sonst herrscht Stille.

Heute, an einem Dienstag, machen die Landhäuser der Russen einen verlassenen Eindruck. Selten ist jemand im Garten bei der Arbeit zu sehen. Das ändert sich schlagartig an den Wochenenden, wenn die Großstädter aufs Land strömen und die freien Tage in ihren Datschen verbringen. Die Liebe zur Datscha scheint kein russischer Mythos zu sein, sie ist zu beobachtende Realität. Das Wort kommt vom Verb „dat", das geben heißt: „Vom Zaren gegebener Grund und Boden". Was früher nur den Aristokraten zustand und die Privilegierten zur Sowjetzeit unter der Hand kostenlos bekamen, können sich heute viele Leute leisten. Winzige Gartenhäuschen á la Schreber sind kaum zu sehen. Datschen mit mindestens zwei Zimmern im Erdgeschoß und ausgebautem Dach genießen den Vorzug. Wohlstand macht sich in Russland breit – und das nicht nur in der Nähe der Hauptstadt. Villenartige Wochenendhäuser sind keine Seltenheit. Die Neureichen bauen sich kleine Burgen mit Türmen aus rotem Backstein oder futuristische Sommerpaläste aus Metall und Glas. Ob noch immer das Holzkohlenfeuer ewig unter dem Samowar glüht? Zur Sowjetzeit war die Datscha Fluchtburg aus den allumfassenden staatlichen Zwängen und der orwellschen permanenten Beobachtung. Heute genießen dreiviertel aller Großstädter die Freiheit des kleinen Mannes in ihren Datschen, die Freiheit nicht fremdbestimmt zu sein, die Freiheit nicht das zu tun, was getan werden sollte, sondern das zu tun, was unbedingt notwendig ist oder Spaß macht, wie den Garten umhacken, neu einsähen, im Herbst ernten und selbst gekochte Marmelade aus selbst gepflückten Beeren konservieren.

Die Ufer der Wolga treten zurück. An der Schleuse bei Uglitsch wurde die Wolga gestaut, was einen über 100 km langen See entstehen ließ. Die Häuser einiger Fischer- und Handwerkerdörfer und kleiner historischer Städte grüßen die vorbeifahrenden Schiffe. Sie konnten vom Zarenreich nicht so profitieren wie Wladimir, Susdal, Sergijew Possad, Rostow Welikij und Jaroslawl, die zum so genannten Goldenen Ring gezählt werden. An Kimry und Kalyasin strich die Zeit spurlos vorbei. Kalyasin ging sogar teilweise in den Fluten der gestauten Wolga unter. Nur der Glockenturm der zweihundert Jahre alten Nikolaikirche ragt noch wie ein Fanal aus dem Wasser.

Uglitsch war der einzige Ort, dem die Zarenfamilie vordergründig wohl gesonnen war. Dem Zarewitsch Dimitri wurde dort ein hölzerner Palast errichtet, nicht größer als eine Datscha der Emporkömmlinge der jüngsten Zeit. Als Sohn Iwans des Schrecklichen und seiner siebten Frau ging er auch als Dimitri Iwanowitsch in die Geschichte ein.

So düster wie der Lauf seines ungewiss ausgegangenen Schicksals zeigt sich das Wetter bei unserem Landgang. Dunkle Wolken ergießen ihr Nass über die Ankömmlinge, die sich mit Regenschirmen, Plastikumhängen und Mützen bewaffnet auf den Weg zum Kreml machen. Durch ein Wäldchen gelangen wir zu einer Brücke, die auf die Halbinsel des Kremls hinüberführt. Zwei Frauen in Kleidern mit Blumenmuster und pinkfarbenen Überwurf nutzen die Gunst der Stunde. Sie singen fröhliche Lieder. Ein Akkordeonspieler begleitet sie. Wie auf Kommando endet der Regen. Wir hören dem Trio zu, knipsen, geben einen Obolus und ziehen weiter zur geschichtsträchtigen Stätte.

Als Iwan der Schreckliche starb und seine Söhne, Fjodor wegen Geistesschwäche und Dimitri wegen Kindheit, nicht in der Lage waren, die Regierungsgeschäfte verantwortlich zu übernehmen, riss der Bojar Boris Godunow die Macht an sich. Ist es Mähr oder Realität? Dimitri starb durch einen Stich in den Hals – auf Anordnung des Bojaren, sagen die einen, durch Selbstverschulden während eines epileptischen Anfalls, meinen die anderen. Die Dynastie der Rurikiden war mit dem Tod Dimitris auf jeden Fall ausgelöscht. Das Leben schrieb eine aufregende Romanvorlage: Alexander Puschkin fasste sie in Worte und Modest Mussorgski vertonte sie. Von all dem hat meine Mutter sicher nichts gewusst, als sie der anklagenden Stimme Fjodor Schaljapins lauschte.

Der Park mit alten Bäumen gibt zuerst einen Blick auf die Christi-Verklärungs-Kathedrale und den Glockenturm frei. Versteckt dahinter, am Ufer der Wolga, steht der kleine Palast Dimitris. Zum Schutz vor Hochwasser stellten ihn die Baumeister auf einen hohen Steinsockel. Das Aus, so die Legende, ereilte den Zarewitsch bei einem Spaziergang nur wenige Meter flussaufwärts.

Am Ort des Todes und zur Erinnerung an die verwerfliche Tat errichteten ihm die Uglitscher die so genannte Blutskirche. Die hellblauen Schindeln der Zwiebeltürme mit den weithin leuchtenden kleinen goldenen Sternen symbolisieren den jugendlichen Charme des noch nicht einmal neun Jahre alt gewordenen Zarensohns und seinen Eingang in die himmlischen Gefilde.

Auf dem Rückweg bittet Olga, die für uns zuständige Reiseleiterin und Dolmetscherin der Ivan Bunin, zu einem kurzen Besuch der dritten im Kreml befindlichen Kirche, der Christi-Erscheinungs-Kirche. Eine besondere Überraschung sei vorbereitet. Ein Männerchor formiert sich. Er singt das „Vater unser …" – ergreifend, wie das nur Russen in ihrer Sprache auszudrücken vermögen. Mit dem fröhlicheren Volkslied „Die Steppe" werden wir verabschiedet.

Vergebung der Sünden in Jaroslawl

Die Länge der nächsten Etappe der Reise wird mit 209 km angegeben. Wir verlassen Uglitsch am frühen Abend. Während beim Abendessen die Tageserlebnisse ausgetauscht werden, nähert sich die MS Ivan Bunin dem Rybinsker Stausee; dem Größten dieser Reise. Die Wolga und weitere Zuflüsse bilden durch einen mächtigen Damm ein kleines Meer, dessen Ufer von der Mitte aus nicht auszumachen sind. Das werden wir erst morgen erleben können, da die Nacht schnell hereinbricht.

Vera zapft mir den Schlummertrunk, ein „Baltika 3". Lächelnd macht sie mich auf die vielen Besucher ihrer Bierbar aufmerksam. Ich sage ihr, dass ich mich für sie freue, wenn das Geschäft läuft.

„Ich bin sehr zufrieden", meint sie.

„Darf ich Sie fragen, woher Sie kommen?"

„Wie fast alle auf diesem Schiff komme auch ich aus Rostow. Wissen Sie wo diese Stadt liegt?"

„Ja, natürlich, am Don, nicht weit vom Schwarzen Meer. Olga erzählte voll Stolz, dass sie auch aus Rostow stammt. Sie sei Kosak."

„Wir Kosaken halten immer zusammen." Während sie eine Runde Wodka für die Gäste am Ecktisch einschenkt, ergänzt sie: „Meistens".

„Wie lange dauert für Sie die Saison auf der MS Ivan Bunin?", frage ich Vera, als sie wieder an die Bar zurückkommt.

„Vier Monate. Dann bin ich wahrscheinlich wieder arbeitslos, wie mein Mann."

„Verdienen Sie gut als Chefin der Bierbar?"

„Etwa 200 Euro im Monat und mal mehr, mal weniger Trinkgeld."

„Haben Sie Kinder?"

„Zwei", antwortet sie und ergänzt mit einem glücklichen Lächeln: „Zwei Mädchen."

Nikolaj betreibt das Bordradio. Am nächsten Tag meldet er sich sehr früh und wie immer zu einem Scherz aufgelegt.

„K i k e r i k i i i !!!" tönt der Weckruf aus den Lautsprechern bereits um 7 Uhr. „Guten Morgen, liebe Gäste", grüßt er mit sanfter Stimme, „weiterschlafen wäre jetzt das Beste! Aber ...", fährt er fort, „wie ich weiß, möchte keiner den Besuch der schönen altrussischen Stadt Jaroslawl versäumen."

Die historischen Städte des Goldenen Rings waren teilweise schon Zentren der weltlichen und religiösen Macht und des Handels, als das ferne Moskau noch in den Anfängen steckte. Die alten Straßen und Plätze scheinen sich seit Jahrhunderten wenig verändert zu haben. Prächtige Kathedralen prägen mit ihren Zwiebelhauben und Glockentürmen das Stadtbild. Einschließlich der Klosterkirche zähle ich acht Gotteshäuser auf dem Stadtplan allein im Herzen Jaroslawls.

Beim Rundgang wird berichtet, dass die Stadt im September ihr 1000-jähriges Bestehen begeht. Ein Gedenkstein erinnert an den Ort, an dem Fürst Jaroslaw von Kiew die Errichtung einer Festung befahl, die nach ihm benannt werden sollte. Er war vom Christentum überzeugt und wollte die dort siedelnden heidnischen Slawen bekehren. Diese hetzten eine Bärin auf ihn. Tapfer wie er war, tötete er das wilde Tier eigenhändig mit seiner Streitaxt. Ob Wahrheit oder Legende, ein Bär ziert noch heute das Wappen der Stadt.

Die Jubiläumsfeierlichkeiten sollen auf dem Bärenwinkel stattfinden, einer Landzunge, die an der Mündung des Flusses Kotorosl in die Wolga entstand. Bagger und Bulldozer schaufeln und schieben das Erdreich hin und her, Lastwagen bringen Baumaterial, andere fahren Gesteinsbrocken ab und Ingenieure vermessen das Gelände.

„Im September will man hier feiern, obwohl noch nicht einmal ein Grundstein gelegt wurde!?", bemerkt einer aus der Gruppe.

„Ich weiß auch nicht, wie das gehen soll. Aber so ist das immer in Russland. Irgendwie wird alles doch noch in letzter Minute fertig", sagt die Stadtführerin achselzuckend und doch hoffnungsvoll.

Nur wenige Jahre nach dem Festungsbau gründeten die Kirchenmänner das Erlöser-Kloster am Ufer des Flusses Kotorosl. Im 16. Jahrhundert erhielt das ehemals aus Holz gebaute Kloster die bis heute erhaltene steinerne und wuchtige Wehrmauer mit hohen Türmen und die neue

Christi-Verklärungs-Kathedrale. Wir gehen durch das Tor des großen südlichen Wachturms in das Kloster hinein. Die Stadtführerin bleibt kurz stehen, um auf einen wichtigen Glaubensinhalt der Gottesfürchtigen hinzuweisen.

„Wer schweigend dieses Tor zum Erlöser-Kloster durchschreitet und an seine Missetaten denkt, dem werden zwölf Sünden erlassen. Deshalb trägt das Haupttor des Klosters den Namen Heiliges Tor." Sagt es und geht schweigend mit gesenktem Kopf weiter. Einige schauen sich ungläubig an, andere gehen scherzend hindurch und ein paar ziehen es vor, schweigend und im festen Glauben einzutreten.

Der kostbarste Schatz des Klosters ging durch Brand verloren, das Original des Igorliedes. In dem Heldenepos der Rus wird der vergebliche Kampf Fürst Igors von Nowgorod gegen die im 12. Jahrhundert bis Kiew vordringen Turkvölker geschildert. Die Uneinigkeit der russischen Fürstentümer wird darin beklagt. „Fürstengeschlecht, schwer mag es dir sein, …, Leib ohne Haupt", heißt es in der Übersetzung von Rainer Maria Rilke. Der zentrale Herrscher Russlands fehlte.

Die UNESCO erklärte die Altstadt Jaroslawls zum Weltkulturerbe. Viel Geld werden die alten Gemäuer noch verschlingen, die im Kloster bisher nur zum Teil restauriert wurden.

Die Straßen draußen glänzen bereits in ihrer wiederhergestellten barocken und klassizistischen Pracht, so das Rathaus auf dem Sowjetskaja Platz und die Duma, in der sich der Stadtrat zusammenfindet.

Noch mehr beeindruckt die Prophet-Elias-Kirche. Eine reiche Kaufmannsfamilie, die den Zarenhof mit Nerzen und Zobel belieferte, zahlte einst die Baukosten für das prächtige Gotteshaus aus eigener Tasche.

Wie so oft bei kulturhistorischen Reisen interessiert die Frage, wie mag das heute noch Erhaltene vor Jahrhunderten ausgesehen haben? Hier geben ausnahmsweise die Fresken im Inneren eine Antwort. In der Vorhalle zeigt eines der Bilder die befestigte Stadt vor dreihundertfünfzig Jahren. Wuchtige, abweisende Mauern und mehrere Wehrtürme sollten die Häuser und Kirchen dahinter schützen. Zwiebeltürme gab es zu dieser Zeit noch nicht; nur flache und solche mit Spitzhauben. Trotz des Mauerwerks überrannten und brandschatzten die mongolischen Reiter der Goldenen Horde mehrfach die Stadt, bis es Iwan dem Schrecklichen gelang, das Khanat Kasan vernichtend zu schlagen.

Natürlich werden auch Episoden aus dem Leben des Propheten Elias dargestellt. Diese verbanden die Künstler mit lebendigen Szenen aus dem damaligen Russland, zum Beispiel mit der Ernte der Bauern, die alle Leibeigene des Adels oder der Klöster waren.

Der Markt, auf dem Getreide, Obst, Gemüse, Fleisch, Fisch, Brot und andere Waren noch immer angeboten werden, befindet sich ganz in der Nähe. Wir durchstreifen die Handelsreihen und Markthallen. Ein Händler presst Orangen aus. Stolz präsentiert er uns, den Fremden, den frischen Saft, den es vor der Wende und der Öffnung des Landes nicht gab. Essensduft lockt gleich daneben Hungrige an, die an Stehtischen einen Imbiss einnehmen. Lesen und übersetzen kann ich die Speisen auf der Wandtafel nicht, wohl aber riechen – Borschtsch wird hier gereicht. Die Köchin bereitet gerade einen frischen Topf vor. Weißkohl, Rote Beete, Zwiebel, Knoblauch, Petersilie, Kartoffel und Rindfleisch sind die Grundsubstanzen. Sie gibt noch Karotten und Tomaten hinzu und schmeckt mit Salz und Pfeffer ab. Serviert wird dann mit einem ordentlichen Schlag saurer Sahne.

Wir suchen Erfrischungstücher. Über dem Eckladen im hinteren Teil der Markthalle kann ich „Apteka" entziffern, Apotheke. Drogeriewaren werden in diesem Laden auch angeboten. Irene reibt die Hände vor der Verkäuferin. Diese deutet zuerst auf Tuben und Töpfchen mit Cremes, dann auf mehrere Stapel verpackter Seife. Beides müssen wir leider mit Kopfschütteln verneinen. „Tissue?", sage ich fragend. Sie lacht und zuckt die Schultern. Irene holt ein Tempotaschentuch hervor, faltet es auf und reibt es zwischen den Händen. „Da, da", sagt die Händlerin jetzt freudestrahlend, „ja, ja", greift in eine Schublade und hält Irene ein Päckchen hin. Diese öffnet es und riecht daran. „Kein Kölnisch Wasser, aber immerhin Zitronenduft", bemerkt sie. Wir kaufen mit Fingerzeig drei Päckchen. „Tri", sagt die Händlerin, tippt den Preis in die Kasse ein und deutet auf die Anzeige. Ich reiche ihr die Rubel. „Spassibo, do swidánija" rufen wir uns zum Abschied gegenseitig zu, „danke und auf Wiedersehen."

Nachdenklich bleibe ich auf dem Weg zum Bus, der uns zum Schiff zurückbringen wird, vor fünf großen Plakaten stehen, die an der Seitenwand der Handelsreihen angebracht wurden. Sie erinnern an die Kriegserklärung Deutschlands an Russlands 1941, an den ‚Großen Vaterländi-

schen Krieg', an den russischen Widerstand nach der Einnahme Stalin-
grads 1942 und die von den Russen gewonnene Schlacht 1943, an die
Not und das Leid russischer Frauen und Kinder im kalten Winter 1944
und das Kriegsende im Mai 1945, das sich zum 65. Mal vor wenigen
Tagen jährte und das Anlass zu diesen mahnenden Tafeln gab.

Mütterchen Wolga

Das Motor-Schiff Ivan Bunin wendet nach dem Ablegen vom Kai des
Flusshafens und schlägt nördlichen Kurs ein. Die nahen Türme der
Christi-Geburts-Kirche und die gepflegte Uferpromenade verschwinden
ebenso rasch wie die Plattenbauten der Neustadt Jaroslawls und die
grauen und tristen Gebäudekomplexe des modernen Industriezeitalters.

Das nächste Ziel der Reise, Gorizy, liegt 391 km vor uns. Zunächst
fahren wir bis zum Rybinsker Stausee das gleiche Stück auf der Wolga
zurück, auf dem wir in der vergangenen Nacht gekommen waren.

Die Wasser der Wolga fließen ruhig. Schon bald zeigt die Uferregion
wieder das gewohnte Erscheinungsbild mit imposanten Böschungen,
Birkenwäldern, lieblichen Wiesen und einsamen Dörfern mit kleinen
Kirchen und, wie könnte es auch anders sein, immer wieder Datschen
und die – obwohl weit weg von der Hauptstadt – oft größer, moderner
und gepflegter als erwartet.

Einige Kilometer flussaufwärts ragt über das Laubwerk des dichten
Waldes ein spitzer Turm hinaus, der von den Bäumen verdeckt bleibt,
obwohl wir näher kommen. Dafür rückt ein zweiter ins Bild und mit
ihm ein hoher Zaun. Am Umgang des Turms und an Masten hängen
Scheinwerfer, die das Gelände nachts ausleuchten können. Was mag
sich hinter dieser abweisenden Umzäunung verbergen? Ein ehemaliges
Kriegsgefangenenlager? Ein Gefängnis? Wenn ja, warum hier in der fast
wilden Natur und für wen? Die Antworten hierauf bleiben für uns ein
Geheimnis.

Nur einen Steinwurf weiter öffnet sich der Wald zu einer Lichtung.
Dort steht in der Einsamkeit eine kleine Kapelle, aus Holz gebaut, mit
leuchtend blau gestrichenen Schindeln auf der Zwiebel des Türmchens
und einem zwar schlanken, dafür extrem hohen orthodoxen Kreuz.

Nach etwa fünf Stunden Fahrt wird die Industriestadt Rybinsk sichtbar – ein regionales Zentrum für Handel und Handwerk und ein Umschlagsplatz für die mit Lastschiffen herbeigebrachten Güter. Auf Grund der Lage an der Mündung der aus dem Norden heran fließenden Scheksna und den Verbindungsmöglichkeiten nach Moskau und St. Petersburg entstand in Rybinsk einer der größten Binnenhäfen im Westen des Landes.

Auf den vorderen Decks drängen sich die Neugierigen; ich mitten unter ihnen. Alle halten Ausschau nach der großen Staustufe; einige mit Ferngläsern bewaffnet. Links voraus kommt zuerst die lange, mausgraue Betonmauer mit ihren Durchlässen in Sicht. In den Hallen dahinter singen die Turbinen und Generatoren eines Wasserkraftwerkes ihr monotones Lied, wenn sie in rastloser Drehung unermüdlich Megawatt um Megawatt an Leistung erzeugen.

Das Schiff schwenkt sanft nach Steuerbord und verliert an Fahrt. Die Flügeltore der linken Kammer der Parallelschleuse stehen offen. Langsam und mit äußerster Vorsicht manövriert der Kapitän die MS Ivan Bunin in dieses technische Meisterwerk hinein.

Einer Nussschale gleich verschwindet das Schiff zwischen den gewaltigen Sandsteinwänden. Die Länge der Schleuse beträgt 290 m. Ein zweites Kreuzfahrtschiff hat bereits vor dem unsrigen festgemacht. Die Tore schließen sich geräuschlos. Wasser strömt ein. Beide Schiffe werden um 18 m angehoben.

Angespannt beobachten wir die Aktion. Geraume Zeit verstreicht. Dann bewegen sich die vorderen Flügeltore zeitlupenartig seitwärts und geben den Weg frei. Der Schleusenwärter schaltet das Signal auf grün. Die Crew löst die Tampen. Die Ivan Bunin gleitet aus ihrem kurzzeitigen Gefängnis hinaus in den nördlichen Schleusenkanal zur Wolga und dem Rybinsker Stausee.

Auf Steuerbord weichen die Ufer rasch zurück, während das Schiff an einem kilometerlangen Damm zur Linken vorbeifährt.

Nikolaj meldet sich über ‚Radio Bunin‘ zu Wort und macht auf eine Statue aufmerksam, die am Ende des Damms auf einem Sockel steht – die 24 m hohe allegorische Frauengestalt „Die Wolga“, die von einer Möwe umkreist wird.

Die Fotografen knipsen drauflos; mit und ohne Blitz. Das Licht der Abenddämmerung reicht gerade noch aus für ein Bild, das beim Betrachten eher schwermütige als freudige Gedanken aufkommen lässt.

Mütterchen Wolga

„Es steht ein Soldat am Wolgastrand", höre ich einen vor sich hinsummen, der gerade seine Kamera wegpackt. Diese in unseren Ohren bekannte Melodie ist aber keine russische Volksweise. Wenn Ivan Rebroff seine Stimme anhob und das „Wolgalied" zum Besten gab, dann erklang die von einem Deutschen vorgetragene Operettenmelodie des österreichisch-ungarische Komponisten Franz Lehár.

Das „Lied der Wolgaschlepper" würde sich da schon als treffender erweisen. Es handelt von den Treidlern, jenen Männern, die mit ihrer ureigenen Kraft die Schiffe an langen Seilen die Flüsse mühselig hinaufzogen oder sie auch flussabwärts bewegten.

Ei, hau ruck!
Wir gehen am Ufer entlang.
Wir singen der Sonne unser Lied.
Ei, ei, zieh das Seil fester.
Ei, hau ruck!
Noch ein bisschen, noch einmal.
Ach du, Wolga, Mutterstrom,
tief und breit.

Ei da, ei da!
Wolga, Wolga, Mutterstrom
Ei, hau ruck!

In einem anderen Wolgalied trotzen kühne wie geheimnisvolle Männer in ihrem Segelboot einem Unwetter:

Mütterchen Wolga hinab.
Auf der breiten Wasserfläche.
Da breitet sich ein Unwetter aus …
Nichts ist auf den Wogen zu sehen,
nur ein Boot schimmert schwarz.
Nun hebt der Anführer an zu sprechen.
Lasst unser Lied erschallen, Männer:
Mütterchen Wolga hinab.
Auf der breiten Wasserfläche.

Sind es Donkosaken, die im Sturm ihr fernes Ziel suchen? Werden sie von ihrem Ataman, dem frei gewählten Stammesführer Stenka Rasin angeführt? Drastisch stellt der Kämpfer in dem nach ihm benannten Volkslied unter Beweis, dass er für die Freiheit bereit ist, alles zu geben, auch die Liebe und das Leben:

Wolga, Wolga, liebe Mutter,
Wolga, du russischer Strom,
du hast noch kein Geschenk gesehen
von einem Donkosaken.
Damit keine Zwietracht herrsche
unter freien Menschen,
Wolga, Wolga, liebe Mutter,
wegen eines schönen Mädchens – nimm du es!

Mit Schwung hob Stenka Rasin seine Geliebte hoch und warf sie der Legende zufolge über Bord in die Wogen der Wolga. Er gab das Leben, nicht seins, und blieb selbst im Trockenen, der „edle Freiheitskämpfer".

Ein kalter Frühlingstag in Gorizy und Kirillow

Irene überreicht mir ein Päckchen mit einer Schleife. Heute ist mein Geburtstag. Ich öffne. Das Golfhemd gefällt mir; auch die modische violette Farbe.

Nachdenklich stehe ich nach dem Frühstück an der Reling. Wir befinden uns auf dem Fluss Scheksna, der gemeinsam mit der Wolga gestaut den Rybinsker Stausee bildet, den wir in der Nacht überquerten.

Das Thermometer zeigt bescheidene 11 Grad. Ab und zu blinzelt die Sonne durch die Wolken. Wärme bringt nur der Pullover unter meiner Windjacke. Der angekündigte Regen bleibt dankenswerter Weise aus.

Auf einer Schiffsreise spielt Zeit eigentlich eine untergeordnete Rolle. Sie kommt nur dann ins Spiel, wenn ein besuchenswerter Ort angelaufen wird und ein Ausflug zum Programm gehört. Sonst bieten die Stunden Abwechslung im Schauen – Was zieht an Land vorbei? Wer macht gerade was an Deck? – oder im Nichtstun und Dösen, fern aller moderner Kommunikation, die zwar möglich wäre, aber im Grunde nicht gebraucht wird. Doch, die Enkelkinder freuen sich bestimmt über eine kurze SMS. Über die Schilderung der vielen Zwiebeltürme werden sie lachen und den Eltern wissen lassen: „Der Opa schreibt, die Russen haben Zwiebeln auf ihren Kirchen!?" Die Worte Borschtsch und Datscha würden mehr Fragen aufwerfen als Antworten geben. Da wird die Nachricht, „Die Oma hat beim Essen eine Gräte verschluckt", besser verstanden. Das Handy funktioniert in der Tat bisher selbst in den entlegenen Winkeln und im Fernsehen werden auch zwei deutsche Programme ausgestrahlt; für jene die meinen, nicht ohne leben zu können. Wer möchte, kann im Saal Tschaikowski Russisch und russische Lieder lernen. Irina und Oxana sind zwei eifrige Lehrerinnen. Ich bleibe lieber an Deck.

Die letzte größere Stadt, Tscherepovez, passierten wir um Mitternacht, den Ort Scheksna und die dortige Schleuse bereits um 6 Uhr. Wälder säumen das Ufer schier endlos. Der Fluss mäandert stark und verändert seine Breite ständig. Die Dörfer Aristovo und Iwanov Bor bleiben in den Reiseführern und im Internet unerwähnt. Was sollte auch interessieren. Von November bis Ende April ruht der Schiffsverkehr. Sechs Monate und manches Jahr noch länger bleibt die Scheksna zugefroren. Hier leben die Menschen wie am Ende der Welt. Hier vergeht im langen und dunklen Winter die Zeit völlig unbemerkt. Hier geht alles seinen gemächlichen Gang. Landwirtschaft und Holzfällen beschränken sich auf nur wenige Monate, wenn nach den ersten zarten Sonnenstrahlen des Frühlings die Natur geradezu explodiert. Dann zieht es auch die Fischer wieder an den Fluss. Sterlets versuchen sie zu fangen; kleine Störe. Dann schwärmen die Mücken wieder zu tausenden aus, die das Blut der Fremden genauso gern saugen wie das der Einheimischen. Dann werden die Kühe wieder auf die Weide getrieben – das sollte man zumindest meinen. Doch Kühe waren bisher nirgendwo zu sehen. „Das liegt an einer Fehlplanung im Moskauer Ministerium", erklärte mir Olga bereits gestern auf meine Frage. „Jetzt müssen wir Milch und Butter aus Polen importieren, um alle Menschen in unserem Land versorgen zu können." Aus Polen!? Die Liebe zu den Polen war in Russland verständlicherweise nie sehr groß. Die Not schlägt Brücken.

Während ich meinen Gedanken nachhänge, fahren wir an den ersten Häusern einer größeren Siedlung vorbei. Das muss Gorizy sein, wo wir anlegen werden. Auf einer Landzunge steht das ehemalige Frauenkloster zur Christi Auferstehung. Löwenzahn färbt die schmale Wiese davor gelb. Gerüste wurden hochgezogen. Bauarbeiter restaurieren die Anlage, die Museum werden soll, um Touristen ebenso anzulocken, wie dies dem benachbarten Kirillow gelingt.

Die Ivan Bunin legt an einem einfachen Schwimmdock vor einer kleinen Bucht an. Zwei Helfer belegen die Poller mit den Leinen, während der Bootsführer das Schiff mit den Seitenrudern andrückt. Strudel drehen sich im Wasser, formen größer werdende Kreise, wirbeln Schlamm vom Grund hoch. Kleine Fische huschen davon, kommen der Wasseroberfläche zu nahe und besiegeln damit ihr Schicksal. Aufgeregt kreisende Möwen beobachten das Spiel der Wellen noch aufmerksamer und durchdringender, stürzen hinunter und greifen ihre Beute mit dem Schnabel. Libellen schwirren aufgeregt umher. Die gefräßigen Räuber fangen und fressen Insekten im Flug. Die kleine Bucht wird von dichtem Schilfroh und Liliengewächsen umkränzt, an denen die noch jungen Libellen wie kleine Stäbchen hängen. Sie lieben sauberes und sauerstoffreiches Wasser. Die Natur scheint hier in Ordnung zu sein. Frösche quaken. Sie lauern auf eine ihrer Lieblingsspeisen – Libellen.

Mit dem Bus fahren wir von einem nahen Sammelplatz über Land nach Kirillow, einer alten Handelssiedlung. Bereits im 14. Jahrhundert gründete hier ein Mönch namens Kirill ein Kloster am Beloe osero, am Weißen See. Kirills Verbindungen zum Adel in Moskau waren gut. Seine Arbeit wurde gefördert und finanziell unterstützt. Iwan der Schreckliche kam als Pilger. Das Kirill-Beloserski-Kloster erlangte unvorstellbaren Reichtum und politischen wie religiösen Einfluss in ganz Russland. Es verfügte über den zweitgrößten Landbesitz der orthodoxen Kirche und beschäftigte 20.000 Leibeigene. Zur Besicherung wurde das Kloster mit wehrhaften Mauern umringt, die auch von den polnisch-litauischen Truppen nicht eingenommen werden konnten.

Wir treten durch das Hauptportal ein, das sich im großen Wehrturm auf der Landseite befindet. Eine alte Frau verlässt gerade die Anlage. Sie verharrt, dreht sich zu einem der Pfeiler und bekreuzigt sich mit gesenktem Haupt vor dem Fresko eines Heiligen. „Wer das Tor des Klosters in Kirillow durchschreitet und sich vor dem Erzengel Gabriel bekreuzigt", hören wir von der örtlichen Führerin, „dem wird eine Sünde vergeben."

Olga steht neben mir. „In Jaroslawl werden zwölf Sünden auf einmal vergeben", sage ich zu ihr.

„Ich weiß. Zweimal war ich in diesem Jahr schon dort und neunmal werde ich auf unseren Reisen noch hinkommen."

„Dann wird ihre Seele rein sein wie die eines Engelchens."

Schmunzelnd folgen wir den anderen durch den Klosterhof, betrachten die alten Gebäude mit dem Versammlungsraum, dem Speisesaal und den Schlafräumen, umrunden die zahlreichen Kirchen und den Glockenturm in der Mitte und suchen den ältesten Teil auf, die Auferstehungskathedrale.

Drei Mönche leben in diesem Kloster. Einer sitzt hinter einem Holztisch und verkauft Kerzen und Ansichtskarten – ein alter Mann mit schütterem, langem Haar und einem Rauschebart. Er blickt auf, als ich mich ihm nähere und deutet auf die unterschiedlich großen Kerzen an seiner Seite, die alle ein Preisschild tragen. Ich hole einen Rubelschein hervor, der dem Preis der größten Kerze entspricht, falte ihn vor seinen Augen und stecke ihn in den Schlitz der Opferschale, die vor ihm auf dem Tisch steht. „Für die Kirche", sage ich und mache mit dem Blick auf die Wände und zur Decke eine Handbewegung, die ihm das Gesagte übersetzen soll. Ein Dankeschön kommt nicht über seine Lippen. Als ich zu ihm „spassibo" sage, blickt er nochmals auf, bleibt aber stumm.

Einige wenige Gläubige und die Teilnehmer unserer Besuchergruppe drängen sich vor der in diesem Kloster hoch verehrten Ikone mit der Gottesmutter. Das Kind auf ihrem Arm trägt männliche Züge. Soll es der Auferstandene sein?

Eine zweite Ikone fällt mir auf. Über der Maria wird ein Kreml dargestellt, das Solowezki-Kloster auf einer Insel im nahen Weißen Meer, erfahre ich. Es wurde von den Mönchen des Kirill-Beloserski-Klosters als eine Art Zweigstelle gegründet. Die Einnahmen aus der Salzgewinnung, Fischerei, Pelztierjagd, Perlenzucht und Eisenverhüttung sollten den Reichtum des Hauptklosters in Kirillow mehren. In der Sowjetzeit erlangte das Solowezki-Kloster eine berüchtigte Bekanntheit. Die Machthaber in Moskau funktionierten es zum ersten Straf- und Arbeitslager des GULAG-Systems um. Die Folter Gefangener gehörte zur Tagesordnung. Folter im Kloster. Wie pervers!

Sergeijs herzlicher Empfang

Der Wind weht die letzten Blüten von den Apfelbäumen. Überall zeigt der Flieder noch immer seine volle Pracht. In den Gärten und auf den Wiesen und an den Wegrändern blüht Löwenzahn. Größere Flächen gleichen einem gelben Meer.

Die schmalen Straßen – geteert oder geschottert, gesandet und gestampft – machen einen sauberen Eindruck. Kein Papier oder gar Abfall liegen herum. Wir spazieren nach der Rückkehr vom Kloster in Kirillow durch den kleinen, verschlafenen Ort Gorizy und bewundern die bunten Holzhäuschen seiner Bewohner. Die meisten wurden blau, grün oder gelb gestrichen, eines weiß, ein anderes violett. Drei Fenster geben den Blick zur Straße frei. Die weißen Rahmen heben sich deutlich ab, wie auch die blauen des weißen Hauses. Wuchtiger wirken die naturbelassenen Holzhäuser, die großen Blockhütten gleichen.

Hinter einem Zaun bellt ein Hund. Im Vorbeigehen können wir den Bewohnern zusehen, wie sie in ihren Gärten umgraben und werkeln. Eine Frau bringt Setzlinge in die Erde. Mit einem Kopftuch schützt sie sich vor der Sonne. Auf der schmalen Durchgangsstraße herrscht so etwas wie Verkehr. Sonst liegt Ruhe über dem Dorf.

Ein junger Mann schneidet das Gras mit einer Sense am Straßenrand vor dem Zaun eines Hauses. Die Wiese im Garten dahinter hat er bereits gemäht. Seine Mutter sammelt den Schnitt mit den Händen und häuft ihn über Ständer zu Heumännchen. Wir grüßen im Vorübergehen und vernehmen ein nur kurzes Echo. Wie sollte es auch anders sein, wenn eine Verständigung nicht möglich ist. Wir hätten Olga bitten sollen, uns zu begleiten. So bleiben unsere Fragen unausgesprochen und ohne Antworten.

An der Seite eines besonders reich verzierten Hauses steht ein Mann. Er winkt uns zu und gibt mit einladender Geste zu verstehen, dass wir sein Haus besuchen sollten – gegen einen Obolus natürlich.

„Sergeij", stellt er sich vor. „Peter", sage ich und füge zu seinem besseren Verständnis „Pjotr" hinzu. Wir geben uns die Hände. Die seinen fassen sich groß und grob an, von schwerer Arbeit geprägt.

Durch einen Windfang gelangen wir ins Innere und sind höchst überrascht: Die Zimmer so klein wie Puppenstuben mit viel Mobiliar und überladenen Wänden, aber alles penibel aufgeräumt – wie ich den „Gastgeber" einschätze, nicht nur wegen der wenigen fremden Besucher, die ihm helfen, sein Taschengeld aufzubessern, sondern aus ihm eigenem Ordnungssinn.

Die vier Räume des Häuschens wurden rings um einen Lehmofen gebaut, die Wohnstube mit einem Fenster zur Straße und einem zweiten zum Garten nach Süden. Zwei Samoware stehen auf einem Eckschränkchen zur Zierde, davor ein Landschaftsbild in Öl gemalt auf dem Boden. Ich deute darauf und dann fragend auf ihn. Freudig nickt er und klopft an seine Brust, um mir zu verstehen zu geben, dass er Maler ist. Dann zeigt er auf die aus Holz geschnittenen Schabracken über den Fenstern, einen hölzernen Spiegelrahmen und einen im Profil aus Holz geschnittenen Christus mit einer Dornenkrone. „Ein kleiner Künstler", sage ich anerkennend zu ihm, ohne dass er mich verstehen kann. Durch einen Vorhang kommen wir in eine Schlafkammer mit einem winzigen Bett. Bevor ich fragen kann, ergreift er meinen Arm, führt mich durch den kleinen nächsten Raum, die Küche, und zeigt mir einen Wandschrank. Mit der Linken schiebt er eine Tür zur Seite und deutet auf ein

Bett, das zur Hälfte über den Ofen in der Mitte des Hauses reicht. Das sei seines, gibt er mir zu verstehen. Zuletzt führt er uns in sein Arbeitszimmer, durch das er uns zu Beginn der kleinen Führung eilig hindurch geschoben hatte. Vor dem Fenster ein kleiner Schreibtisch, darauf eine Zeitung und ein halbfertiges Schriftstück mit seiner Brille, Kugelschreiber, Füller, Bleistifte, Radiergummi, Bücher, ein Vergrößerungsglas, eine Rechenmaschine und dahinter Filzstifte in allen Farben des Regenbogens; darüber ein schmales Bord mit Zeitungsausschnitten, einem unbenutzten Aschenbecher mit einer Pferdefigur und Klebebänder; daneben ein Kühlschrank mit einem von ihm geschnittenen Muster beklebt und rechts und links an den Wänden mehrere kleine Bilder, die vermutlich von ihm stammen. Ein bisschen Stolz verspüre ich in seinem Blick, als ich die Dinge und dann ihn betrachte. Sergeij scheint ein echter Lebenskünstler zu sein, der mit der beschaulichen Welt auf dem Lande zurechtzukommen scheint. Als ich beim Verabschieden mangels russischer Worte anerkennend in die Hände klatsche, freut er sich sehr.

Wir gehen über einen schmalen Weg an der letzten Häuserreihe des Ortes vorbei und hinunter zum Ufersaum der Scheksna. Eine große Birke steht dort auf einer freien Fläche. „Auf dem Felde steht eine Birke", beginnt ein Volkslied, „niemand darf sie umbrechen, niemand darf sie ausreißen." Sie hatte in alter Zeit die gleiche Bedeutung wie die Donareiche der Germanen, vor der Gericht gehalten wurde. Wer Holz brauchte, zum Schüren des Ofens, zum Bau eines Hauses oder zum Schreinern von Möbeln, der ging in den Wald. Dort durfte eine Birke gefällt werden, um daraus – wir sind in Russland – vielleicht auch eine Balalaika zu schneiden oder ein Pfeifchen zu schnitzen. Sergeij hatte an der Hauswand unter dem überhängenden Dach mehrere Stücke eines Birkenstamms gestapelt. Was er daraus wohl fertigen wird?

Krimsekt auf der Scheksna

Geburtstage lassen sich auf einem Kreuzfahrtschiff nicht verheimlichen. Der Zahlmeister führt über jeden Passagier genauestens Buch und ein Glückwunsch der Crew gehört zum Programm. In weiser Voraussicht bestelle ich zum Mittagessen bei Oxana eine Flasche Krimsekt, um mit den Tischnachbarn und natürlich mit Irene anstoßen zu können, wenn ein „Happy birthday to you …" durch den Speisesaal halt.

Lange lassen sie mich nicht warten. Ute und Anke von der Reiseleitung, Olga, unsere Dolmetscherin, Oxana, Gloria und Tanja vom Tischservice und Nikolaj von Radio Bunin kommen singend auf mich zu, begleitet von Alexander auf dem Akkordeon. Alle gratulieren mir sehr herzlich, natürlich auch die Tischnachbarn, die dezent vorgewarnt wurden. Ein Geburtstagskuchen wird mir überreicht und eine Flasche Krimsekt, die natürlich gleich geöffnet und zum Anstoßen ausgeschenkt wird. Eine besonders große Überraschung bereiten mir die Tischnachbarn mit einer Spieluhr mit neun Zwiebeltürmen. Rossija steht auf dem Sockel geschrieben, Russland. „Das ist unsere Familie", stelle ich zu meiner Freude fest. „Der größte Turm bin natürlich ich, daneben steht Irene und ringsum haben sich Evi mit Stephan, Annika und Lukas und Frank mit Miriam und der kleinen Loretta versammelt."

Tisch 29 und die Spieluhr mit der Katjuscha-Melodie

Lange musste ich, wieder zu Hause, nach dem Geheimnis der meinen Ohren vertrauten Melodie der Spieluhr suchen, deren Namen ich jedoch nicht kannte. Im Internet stieß ich schließlich auf Kai Kracht, der den dazugehörigen russischen Text ins Deutsche übertrug und kommentierte: „Katjuscha" singt das Liedchen von den Apfelblüten und von ihrer Liebe zu einem Soldaten an der Front, dem sie einen Gruß schickt. Was für die Russen die Katjuscha war für die Deutschen Lili Marleen und für beide die Sehnsucht nach dem Wiedersehen.

Während wir angeregt plaudernd zusammensitzen, nimmt das Schiff Fahrt auf zur verträumten Insel Kishi im Onegasee. Mehr als zwölf Stunden werden wir unterwegs sein, bis das 375 km entfernte Ziel erreicht sein wird. Die Reise begann auf dem Moskwa-Kanal, der die Hauptstadt mit der Wolga verbindet. Auf ihr fuhren wir weiter bis zum Rybinsker Stausee. Von dort führt der Wolga-Ostsee-Wasserweg in einer weiten Schleife nach St. Petersburg. Schiffbare Flüsse und Seen wurden bereits vor zweihundert Jahren mit zahlreichen Kanälen verbunden. Der Ausbau des Wasserweges für die modernen großen Schiffe konnte 1964 fertig gestellt werden.

Die Sonne lockt Irene und mich aufs Sonnendeck, wo wir es uns in den Liegestühlen gemütlich machen. An der Reling steht ein hoch gewachsener Mann und filmt. Vergleiche mögen hinken, aber ein bisschen Gregory Peck gepaart mit ein bisschen Gary Cooper charakterisiert sein Aussehen für mich treffend. Er will die Fahne Russlands am Heck des Schiffes mit dem Fluss und der Landschaft einfangen.

„Gehen Sie doch hinunter aufs Bootsdeck. Dort haben Sie den besten Blick", sage ich zu ihm.

„Das Verbotsschild an der Treppe erlaubt das nicht."

„Dann nehmen Sie die Treppe auf der Backbordseite. Dort hängt kein Schild und niemand wird etwas dagegen haben, wenn Sie die russische Fahne filmen."

Wir kommen ins Gespräch und stellen Parallelen fest. Sein oberster Chef war für einige Jahre auch mein oberster Chef. Dessen fixe Idee war, aus einem höchst angesehenen deutschen Industrieunternehmen einen weltweit tätigen Multikonzern zu schmieden.

„Seine Vision war von Anfang an zum Scheitern verurteilt. In ein marodes Unternehmen in den Staaten Milliarden zu investieren, war heller Wahnsinn, der Rückzug vorprogrammiert, und in Deutschland trieb er durch seine Eigenwilligkeit meinen früheren Arbeitgeber in den Ruin."

„Da kann ich eine interessante Geschichte als Ergänzung beisteuern. In seinem Auftrag wurde ich nach Istanbul entsandt, um eine Minderheitsbeteiligung an einem befreundeten Unternehmen vorzubereiten und schließlich zu erwerben. Das Engagement war aus meiner Sicht sinnlos. Die vorgetragenen Argumente wurden jedoch ignoriert. Etwa zwölf Jahre später verkaufte der Konzern die Sparte, in dessen Management ich tätig war. Der neue Eigner löste die türkische Verbindung innerhalb kurzer Zeit wieder auf."

„Das war typisch für ihn."

Neugierig geworden, frage ich ihn: „Was machen Sie heute?"

„Ich habe eine eigene Unternehmensberatung aufgebaut, schreibe technisch-wissenschaftliche Fachbeiträge und Bücher und lehre nebenbei an der Uni. Und Sie?"

„Ich schreibe auch Bücher, allerdings mit leichterem Inhalt über meine Reisen durch die Welt."

Die Landschaft wurde inzwischen eintöniger. Am Ufer dehnen sich wieder unendliche Wälder aus. Nur selten sind Siedlungen und Menschen zu sehen. Am späten Nachmittag weicht das Land zurück. Vor uns öffnet sich der Weiße See.

Mit der bereits mittags gekauften und noch nicht geöffneten zweiten Flasche Sekt stoßen wir beim Abendessen nochmals an. Oxana hatte sie für uns kalt gestellt.

Der Würzburger fragt im Vorbeigehen, ob wir uns bei Vera sehen würden, wo auch er sich regelmäßig einfindet. Da wir die Tafel bereits aufgehoben hatten, begleite ich ihn. Einige Fragen liegen mir auf der Zunge. Er war beruflich bei der Bundesbank. Ich spreche ihn auf den Streit zwischen dem damaligen Bundeskanzler und dem Bundesbankpräsidenten in der Phase der Wiedervereinigung an.

„Hatte Ihr Chef damals Recht in der Meinung, die Deutsche Mark nicht sofort, sondern zeitverzögert im Osten einzuführen?"

„Ich muss das bejahen. Der Osten hätte für einige Jahre noch seine Selbständigkeit behalten müssen, damit die wirtschaftliche Integration in mehreren kleinen Schritten hätte vollzogen werden können."

„Dann hätte es aber keine Wiedervereinigung gegeben. Der russische Außenminister Schewardnadse hatte, auf diese Frage angesprochen, betont, dass die Tür zu Wiedervereinigung nur wenige Monate offen stand. Ein Jahr später, 1991, hätten das die Nachfolger Gorbatschows nicht mehr zugelassen."

„Was Sie für Probleme wälzen!" Ein weiterer Franke und Bekannter des Würzburgers hatte sich hinzugesellt. „Ich dachte, Sie würden sich über Golf unterhalten?"

„Wo ist Ihr Heimatclub zu Hause?", frage ich ihn.

„Wenn Sie einmal auf dem Gelände eines Klosters spielen möchten, dann sind Sie herzlich eingeladen. Ich bin Mitglied im Golfclub Maria Bildhausen in Münnerstadt nördlich von Schweinfurt."

„Das liegt zwar sehr abseits und kaum auf meinen Routen, aber wer weiß. Vielleicht tauche ich einmal auf und komme auf Ihre Einladung zurück."

Mit einer Runde Wodka beschieße ich meinen Geburtstagsumtrunk und verabschiede mich.

Der Traum von Kishi Pogost

Meine erste russische Holzkirche sah ich am anderen Ende der Welt, dort wo jenseits der Drake-Passage die Pinguine, Seelöwen und Albatrosse das Sagen haben und die Menschen sich, angeblich, nur zu Forschungszwecken aufhalten – in der Antarktis. Die Kreuzfahrtschiffe, die von Ushuaia im Süden Feuerlands kommend und am Kap Horn vorbei zur Antarktischen Halbinseln und ins ewige Eis unterwegs sind, machen auf George Island ersten oder letzten Halt.

Die gegliederte Küste dieser Insel und ihre Nähe zum südamerikanischen Festland führten dazu, dass in den geschützten Buchten auf der Südostseite zahlreiche Forschungsstationen errichtet wurden. Hier tummeln sich die Länder Argentinien, Brasilien, Chile, China, Peru, Polen, Russland, Südkorea und Uruguay. Alle Standorte bleiben ganzjährig besetzt. In der Maxwell Bay ragt ein Gebirgszug über 600 m auf. Das Gelände fällt teils steil, teils sanft zum Meer hin ab. Neugierig blickte ich, wie auch einige andere, vor ein paar Jahren über den Bug voraus. Was erwartet uns hier?

Hoch oben auf dem Grat konnten wir bereits von weitem eine Kirche ausmachen. Ein Gotteshaus hätte ich auf dem sechsten Kontinent nicht vermutet. Zwiebeltürme schon gar nicht. Die kleine orthodoxe Kirche wurde ganz aus Holz gebaut, das aus dem fernen Altaigebirge an der Grenze zur Mongolei stammte. Ein Pope verrichtete dort seinen Dienst. Ein dichter Bart umhüllte sein Gesicht. Mit leuchtenden Augen führte er die Besucher durch das Innere seines antarktischen Juwels.

Die Gedanken an die Antarktis verfliegen wie im Wind, als sich die Ivan Bunin dem unvergleichlich filigraneren Kunstwerk eines ebenfalls ganz aus Holz gefertigten Kirchenensembles auf der schmalen Insel Kishi nähert, das Kishi Pogost genannt wird.

Russische Kirche in der Antarktis

Kishi Pogost in Karelien

Im hohen Norden des Onegasees verzaubert eine Schärenlandschaft den Besucher, der sich zur warmen Jahreszeit hierher verirrt. Das wasserreiche Seen- und Flussgebiet Kareliens war über Jahrhunderte ein von seinen expansionslüsternen Nachbarn – den Schweden, Finnen und Russen – heiß umkämpftes Gebiet. Nach dem Zweiten Weltkrieg fiel diese historische Landschaft, die nie ein eigenes staatliches Gebilde war, zum größten Teil endgültig an Russland. Damit war die Landbrücke zwischen dem Finnischen Meerbusen und der Ostsee und dem Weißen Meer und dem Nordmeer hergestellt. Mit dem Bau des Weißmeerkanals gelang sogar die Anbindung an die Wasserstraßen, die bis zur Hauptstadt und dem Kaspischen als auch dem Schwarzen Meer reichen.

Vor Antritt der Reise war mir gar nicht aufgegangen, dass ich mich am siebten Tag so weit im Norden wieder finden würde. Der Polarkreis liegt nur noch einen Katzensprung entfernt. Die Nacht verkürzt sich hier auf noch nicht einmal fünf Stunden zu dieser Jahreszeit.

Das diffuse Licht des verschleierten Nachmittags nimmt der Sicht anfangs die erwünschte Klarheit. Wolken treiben vorbei und ganz unschuldig ihr Spiel mit uns, die wir mit gezückter Kamera auf die ideale Beleuchtung warten. So begnüge ich mich mit den gegebenen Bedingungen. Der Wechsel von Licht und Schatten erscheint nicht minder reizvoll. Passt eine finstere Stimmung nicht besser zu einem als Museum erkorenen Ensemble als strahlender Sonnenschein? Nur noch an den Sonntagen und zu den kirchlichen Festen feiern die Popen mit einigen Gläubigen die Liturgie. Sonst steht das Äußere im Vordergrund, das von Einfallsreichtum geprägte Meisterwerk einmaliger Holzarchitektur – von fünfundzwanzig Kuppel gekrönt, mit hölzernen Schindeln bedeckt und von einer mausgrauen Patina überzogen, die dem größten Gebäude, der Kathedrale genannten Christi-Verklärungs-Kirche, eine erhabene Würde verleiht.

Auf der Südwestseite, dort wo die spärlichen Strahlen der untergehenden Sonne schräg einfallen, erinnern einige wenige Holzkreuze an die vormuseale Zeit aktiven Lebens auf diesem Teil der Insel.

In der Hoffnung auf Bewunderung strahlt Olga über das ganze Gesicht. Sie flocht ein Kränzchen aus den Blüten des Löwenzahns, das sie sich um den Kopf legte, bevor sie mit uns zu den beiden alten Bauernhäusern aufbrach, in denen Inselbewohnerinnen ihre handwerklichen Fähigkeiten zeigen.

Die Frauen haben heute einen russischen Pass, aber sie sind keine Russinnen. Blass, schlank, und hoch gewachsen sind sie, mit blauen Augen und Ruhe ausstrahlend. Sie sind Nachkommen der hier seit langer Zeit lebenden Karelier, eines den Finnen verwandten Volksstamms.

Selbstbewusst treten sie auf. In ihrer Tradition verwurzelt, genügsam und zufrieden erscheinen sie. Hätten Sie diese Eigenschaften nicht, könnten sie hier nicht leben, auf einer Insel in der Einsamkeit des Nordens, in einem von langen Wintern mit Kälte, Schnee und Eis geprägten Jahresablauf, der nur einen kurzen Sommer kennt. Jetzt, im Frühjahr, erfüllt der Duft von Gräsern und Blüten die würzige Luft.

Ein Pfad führt hinunter zu einem Blockhaus am Ufer. Ein Bootssteg reicht einige Meter weit hinaus in den nur leicht bewegten See. Eine Mutter sucht den Kiesstrand mit ihren Kindern nach Muscheln und Schnecken ab. Fischernetze hängen über einem hölzernen Gestell zum Trocknen aus.

Wer die Einsamkeit fürchtet, sollte die Insel nicht als sein Zuhause wählen. Wer das Alleinsein mit sich selbst und seiner engsten Familie sucht, ist hier gut aufgehoben.

In meinen Träumen und Phantasien konnte diese eigenwillige Landschaft, die mich hier umgibt, bisher nicht vorkommen, da die Vorstellungskraft auf Bekanntem, Gesehenem, Erlebtem fußt. Ab jetzt wird das anders sein, ab jetzt kann ich mir ausmalen, wie die scheinbare Einsamkeit der Insel Kishi auch dann mit Leben, Liebe und Zuneigung erfüllt sein wird, wenn das Schiff seine Gäste wieder eingesammelt und Fahrt zu neuen Zielen aufgenommen hat.

Das Läuten von Glocken holt mich aus meinen Gedanken zurück. Die Melodie eines Glockenspiels dringt von der nahen Anhöhe herüber. Olga war mit den anderen vorausgegangen. Bevor ich folge, halte ich erst noch einmal inne. Die Wolken wichen zurück. Die Sonne bescheint den Traum von Kishi Pogost. Das lasse ich mir nicht entgehen.

Wieder an Bord blicke ich nach dem Ablegen lange zurück. Ein Reiseprogramm trug mich wie der Wind an einen Ort, an dem meine Phantasie noch niemals war. Ich versuchte in den wenigen Stunden des Aufenthalts zu sehen und aufzunehmen, soviel ich konnte. Ich entdeckte eine schier endlose Ruhe, wanderte umher und verlor vorübergehend das Zeitgefühl. Ich versuchte so viel aufzunehmen, wie es nur ging – mit meinen Augen, Ohren und Händen und mit meiner Seele.

Flughafen Domodedowo-Moskau

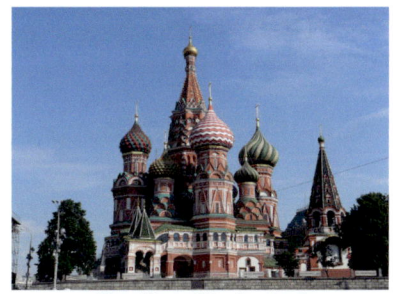

Basilius-Kathedrale

Kremlpalast

Sitz des Staatspräsidenten

Sitz des Ministerpräsidenten

Moskau-City

Christi-Erlöser-Kathedrale

Modernes Moskau am Nordhafen

Auf der Wolga

Datschen

Datschen

Steilufer

Christi-Verklärungs-Kathedrale

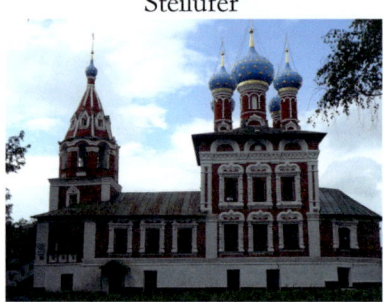

und Blutskirche in Uglitsch

Jaroslawl – Szene im Kloster

und Prophet-Elias-Kirche

Gorizy

An der Scheksna

Kloster Kirill

Ikone der Gottesmutter

Sergeijs Haus

Das Wohnzimmer

Der Traum von Kishi-Pogost

… in Karelien

Auf dem Schiff

Keine Schiffsreise ohne eine Einladung des Kapitäns; zuerst einmal zur Vorstellung seiner Mannschaft und dann zu seinem Dinner – so auch auf der MS Ivan Bunin.

Vortragsreihen und Filme füllen freie Nachmittage und Abende. Eine Musikgruppe spielt zum Tanz und gibt Konzerte. Interessierte können Russisch lernen und ihre erworbenen Kenntnisse in Form von Gesängen den die Überraschung duldenden Zuhörern vortragen.

Eine Referentin wird angekündigt: Frau Dr. Victoria Paulina. Sie gibt Informationen aus erster Hand, wie sie selbst sagt. Russland wohin? heißt die kaum zu beantwortende Frage. Sie spannt einen weiten Bogen von den Zaren über die Sowjets zu Putin und weiter bis zum derzeitigen Präsidenten Medwedew, kündet einen Blick in die Zukunft an und bleibt doch in der Kritik des Heute mit seinen Oligarchen und der Korruption stecken. Klingt sie glaubwürdig? Als ehemalige Dozentin an einer Moskauer Universität musste sie wie alle Funktionäre der Sowjetzeit die Fahnen hochhalten. Das System hat sie geprägt. Ihre Worte kommen rasierklingenscharf über ihre schmalen Lippen. Daran ändert auch die leuchtend rot aufgetragene Farbe nichts.

Zur Magie der Schifffahrt zählten einst die ungewissen Momente, da man zwischen den Horizonten auf dem Wasser schwebte und mit großer Ungeduld darauf wartete, das Ziel endlich auftauchen zu sehen. Stimmt der Kurs noch immer? Wurden die Entfernungen richtig gemessen? Wurde die Abdrift korrekt eingeschätzt? Welche Unwägbarkeiten wird die bevorstehende Nacht bringen?

Das Manövrieren eines Schiffes sei zwar heute kein Kinderspiel, meint Kapitän Christophor Jawrujan, die moderne Technik erleichtere jedoch vieles. Mit ruhigen Worten erklärt er seinen Gästen auf der Brücke, wie Radar, GPS und Tiefenmessung funktionieren. Sein Schiff wurde bereits 1988 gebaut – in Boizenburg an der Elbe – und im vergangenen Winter in Rostow am Don generalüberholt und auf den modernsten Stand der Technik gebracht. Mit einem Stab markiert der Kapitän die Position der Ivan Bunin auf der elektronischen Land- und Seekarte des Bildschirms.

Auf dem Radarschirm daneben leuchtet ein Punkt in Fahrtrichtung vor uns auf. „Das ist der Kollege, der in Kishi an unserer Seite festmachte. Er hält in einem Abstand von etwa zwei Seemeilen den gleichen Kurs wie wir."

Stolz berichtet er noch von weiteren technischen Standards, von den verbrauchsreduzierten Motoren, der Abgasentschwefelung, der Mülltrennung und dem Recycling.

Freche Mücken in Mandrogi

Petrosawodsk, die Hauptstadt Kareliens, lag etwa 70 km von unserer Fahrtroute entfernt. Wir passierten sie am gestrigen Abend, ohne sie zu Gesicht zu bekommen. Zu weit dehnte sich die Fläche des Onegasees aus, den wir bis an sein südliches Ende überquerten. Am frühen Sonntagmorgen erreichten wir, noch zur Schlafenszeit, den Fluss Swir. Dieser verbindet den Onega- mit dem Ladogasee, dem größten See Europas.

Nach einer Fahrt von 276 km macht die Ivan Bunin um 11 Uhr am Anleger des Künstlerdorfs Mandrogi fest. Das Retortenbaby leuchtet in schillernden Farben. Einer der Emporkömmlinge, Sergei Gutsait, ließ das im Krieg durch Flammen zerstörte Dorf mit eigenen Mitteln wiedererstehen. Er siedelte Handwerker und Künstler an, die prächtige Häuser errichteten und mit meisterlichem Können in den Werkstätten originelle Souvenirstücke fertigen und verkaufen.

Putin war zu Besuch, als er noch Staatspräsident war. Das ließ Medwedew, seinen Nachfolger im Amt, nicht ruhen, es ihm gleichzutun. Heute sind wir an der Reihe – nicht so bekannt, aber gleichermaßen interessiert.

Wir brechen ein paar Birkenzweige, bevor wir auf Entdeckung gehen. Die Stechmücken sind bereits geschlüpft. Wie wild pieksen sie mit ihren Rüsseln, um ein Tröpfchen Blut saugen zu können. Handrücken, Hals und Fußknöchel haben sie als ihre liebsten Angriffstellen auserkoren. Da hilft auch Autan nur bedingt. Ein kräftiges Wedeln mit dem Reisig erweist sich als die wirksamere Methode – eine aus dem nahen Finnland mitgebrachte Erfahrung.

Werchnije Mandrogi lautet der volle Name des ehemaligen Fischer-
dorfes, der soviel bedeutet wie „Obere Stromschnellen". Der Weg führt
am Postamt und an Geschäften vorbei. In den schmucken Werkstätten
wird getöpfert, geschnitzt, gestickt und gemalt. Bunte Holzhäuschen im
altrussischen Stil der Bojaren ducken sich unter den ausladenden Birken
und Kiefern, neben denen der Frühling Gräser, Sträucher und Büsche
erblühen lässt. Inmitten eines Birkenwäldchens legten die Bewohner
einen Fischteich an, der seine Umgebung widerspiegelt.

Eine Fähre verbindet das Dorf mit einem Märchenwald. Die wenigs-
ten Besucher setzen über, da sie eine Erlebniswelt für Kinder vermuten.
Womöglich sind die überlebensgroßen Figuren auch für sie gedacht, die
an einem Pfad aufgereiht wurden. Sie entstammen alle dem breit ange-
legten Märchenepos „Ruslan und Ljudmila" von Alexander Puschkin, in
welchem die Braut nach der Hochzeit von einem Ungeheuer entführt
und in einen tiefen Schlaf versenkt wird.

Im Prospekt von Mandrogi wurde der Prolog des Epos abgedruckt,
der an der „Lukomorje" genannten Meeresbucht spielt:

> Grün an der Meerbucht ragt die Eiche,
> dran ich die goldne Kette weiß.
> Man sagt, ein weißer Kater streiche
> so tags und nachts an ihr im Kreis …
> Dort kann man Russlands Steppen riechen!
> Dort war auch ich, dort trank ich Met,
> sah grün am Meer die Eiche ragen,
> und mir erzählte manche Sagen
> der weiße Kater, wie's so geht.

Natürlich kann Ruslan nach langer Verfolgung und dem Erleben Furcht
einjagender Wirren seine Braut ausfindig machen. Mit Hilfe eines ihm
anvertrauten Zauberrings gelingt es ihm, seine geliebte Ljudmila wieder
vom tiefen Schlaf zu erwecken – das versöhnliche Ende einer langen
Geschichte.

Für uns endet der Besuch in einem der für Picknicks gebauten offenen
Pavillons, deren Atmosphäre ein leichtes Oktoberfestgefühl aufkommen
lassen. Schaschlikspieße werden gegrillt. Ein Salatbuffet steht bereit. Ein

Becher Wein wird gereicht; Bier und andere Getränke werden gegen Bezahlung angeboten. Nicht nur Rubel, sondern auch Euro sind ein willkommenes Zahlungsmittel. Gegessen wird an langen Tischen. Musik spielt im Hintergrund – laut, wie es als modern gilt. Und wer möchte, kann sich zum Nachtisch an Hefegebäck und Tee erfreuen.

Die Welt Peters des Großen

Während des Frühstücks erreicht die MS Ivan Bunin den Zielhafen der Flusskreuzfahrt in St. Peterburg. Die sechste und letzte Etappe betrug 288 km. Das Schiff legte insgesamt 1.805 km zurück.

Die Admiralität und der Winterpalast dominieren die Ufer der Newa im Stadtzentrum. Direkt bescheiden wirkt dagegen die Peter-Paul-Festung mit dem spitzen goldenen Turm der schlanken Kathedrale auf der Insel schräg gegenüber, dort wo die Stadt 1703 ihren Anfang nahm.

Russland hatte während seiner langen Geschichte mehrere Haupt- und Residenzstädte. Die Wurzeln liegen bei den Rus in Kiew und dem legendären Warägerfürst Rurik in Nowgorod, der erstmals die slawischen Stämme im 9. Jahrhundert einte. Die Herrschaft der nach ihm benannten Dynastie der Ruriken dauerte sieben Jahrhunderte an und endete mit dem Tod Iwan des Schrecklichen, der wie viele seiner Vorgänger von Moskau aus regierte. Boris Godunow und seinen Epigonen gelang nach ihm ein nur fünfzehnjähriges Zwischenspiel. Danach übernahm 1613 Michael I. die Macht im Kreml Moskaus, der erste Zar aus dem Hause der Romanows.

Mit Peter I., dem Großen, der von 1682 bis 1725 herrschte, begann für Russland schließlich ein neues Zeitalter. Er orientierte sich nach Westen, erwarb allerlei Kenntnisse und handwerkliche Fähigkeiten, modernisierte den Staat durch Reformen der Wirtschaft, des Schulwesens, der Bürokratie und durch Förderung von Wissenschaft und Technik und verlegte die Residenz an die Ostsee und damit an den Zugang zu den westlichen Weltmeeren.

War Peter verschwenderisch? Seine ursprüngliche Absicht bestand in der Sicherung des Mündungsdeltas der Newa in den Finnischen Meerbusen, um ein für allemal den Schweden zu zeigen, wer Herr im Nordosten Europas ist. Erst sein Entschluss, bei der Festung auch einen großen Seehafen anzulegen, führte schließlich zur Erhebung St. Petersburgs zur Hauptstadt Russlands.

Den Adeligen und der Elite Moskaus musste Peter der Große den Umzug nach St. Petersburg schmackhaft machen. Er ließ in Strelna und Oranienbaum Landsitze in Meeresnähe errichten und zwischen beiden Orten den Grundstein zu seinem Sommerpalast legen. In wenigen Jahren wuchs eine Kulturlandschaft mit kleinen Palais, Herrenhäusern und Parklandschaften heran, die durch eine Hauptverkehrsachse entlang der Küste verbunden wurde.

Das, was heute von der Nachwelt bewundert und als Peterhof oder „Russisches Versailles" bezeichnet wird, würde bei ihm mindestens ein Stirnrunzeln, wenn nicht sogar einen kräftigen Wutausbruch hervorrufen. Vermutlich würde er die Anlage nicht einmal als seine Residenz wieder erkennen, sondern als die Tat eines Größenwahnsinnigen bezeichnen. Denn seine Tochter Elisabeth ließ nach seinem Tod das Schloss um mehr als das Doppelte verlängern, ein weiteres Stockwerk aufsetzen und die Schlosskirche ergänzen. An die Stelle eines kleinen Palastes trat ein Monumentalbau im italienisch-russischen Barock.

Peter glänzte eher durch Bescheidenheit. Sein Lieblingsaufenthalt war Monplaisir, das von bunten Blumenrabatten umgebene kleine Lustschlösschen direkt am Ufer der Ostsee. Natürlich, die große Freitreppe mit der Kaskade, die Fontänen und vergoldeten Skulpturen entstanden in seinem Auftrag. Sie galten jedoch mehr der Repräsentation bei den zahlreichen Empfängen ausländischer Staatsgäste.

Auf dem Rundgang gilt natürlich dem aus Nürnberg stammenden Neptunbrunnen im oberen Vorgarten meine besondere Aufmerksamkeit. Ein Zweitguss steht in der Heimatstadt. Zweideutig und verächtlich nannten wir zur Schulzeit Neptun „Gabelsberger" – zum einen weil sein Dreizack mehr einer verbogenen Gabel glich, zum anderen weil er uns mit der „Gabel" an den Erfinder der deutschen Einheitskurzschrift erinnerte, der Gabelsberger hieß.

Auf den Stufen der Kaskade steht die goldene Skulptur des Perseus. In der hoch erhobenen Hand hält er das Haupt der von ihm soeben geköpften Medusa. Wer jenes scheußliche Ungeheuer mit Schlangenhaaren und langen Eckzähnen ansah, erstarrte zu Stein – so erzählt die griechische Mythologie. Hier, im Park der Sommerresidenz, sollte anscheinend niemand zu Stein erstarren. Im Gegenteil, jeder Besucher sollte die großartigen Kunstwerke zu seiner Erbauung bewundern können.

Wie bescheiden Peter im Grunde wirklich war, eröffnet ein Spaziergang die Newa aufwärts bis zum alten Sommergarten. Dort residierte er in der Stadt in einem zweistöckigen Haus im holländischen Stil, das am Ufer der Newa auf einer durch die Fontanka, den Schwanenkanal und die Moika gebildeten Insel steht. Von den Reiseführern wird es nur am Rande erwähnt und kaum ein Besucher verirrt sich dorthin. Alle wollen nur den Winterpalast mit der angeschlossenen Eremitage bewundern, in den sein Stadtpalast sechs Mal hineingegangen wäre. Natürlich, auch der Winterpalast wurde von Peter erbaut – jedoch besser gesagt, von ihm begonnen. Er starb in jenem ursprünglich noch sehr kleinen Gebäude, an dessen Stelle später das Eremitage-Theater errichtet wurde.

In der Zeit der Zarin Elisabeth I., Peters Tochter, entstanden die meisten Prunkbauten, die bis heute das Stadtbild bestimmen. Sie ließ den Winterpalast niederreißen und durch den viel größeren uns bekannten ersetzen und sie gab den Bau des Smolny-Klosters in Auftrag. Die zweite Frau Peters, Zarin Katharina I., errichtete sich ein eigenes Schloss im Vorort Zarskoje Selo, der auch Puschkin genannt wird. Und die vielen Adeligen, die von Moskau nach St. Petersburg zogen, entfalteten die ganze Pracht ihres Reichtums durch die Gründung schöner Stadtpalais, die bis heute Zeugnis von dieser Epoche geben.

Das alles vollzog sich nicht ohne Druck und Ausübung vollkommener Macht. Ob Peter I. machthungrig war, sei dahingestellt. Zielstrebig war er auf jeden Fall. Er setzte tausende Leibeigene und Handwerker ein, allen voran Steinmetze aus dem ganzen Land. Die von Überschwemmungen und Brand gefährdeten Holzhäuser der Stadt wurden durch Gebäude aus Steinen ersetzt. Und den Adeligen und Beamten und den Vertretern der Elite wurde auch nichts geschenkt. Sie mussten ihren Umzug und die neuen Wohnhäuser aus ihrer eigenen Tasche bezahlen.

Ein spektakuläres Geschenk gab es allerdings zu dieser Zeit – das berühmte Bernsteinzimmer. Friedrich Wilhelm I., König von Preußen, ließ dieses großartige Interieur nach St. Petersburg an den Hof des Zaren bringen. Die Initialen seines Vaters „FR", die für Friedericus Rex stehen, verraten noch heute die Herkunft der kostbaren Wandverkleidung, die ich versteckt fotografierte – natürlich ohne Blitz. Im Gegenzug überließ der Russe Peter dem Soldatenkönig fünfundfünfzig „Lange Kerls", die fortan ihren Dienst in der Leibgarde des Preußen verrichteten.

Ihr Kinderlein kommet …

Zeitversetzt vollzieht sich in Russland und den Ländern Osteuropas die gleiche demographische Entwicklung, wie sie der Westen seit langem beklagt: Landflucht, Übervölkerung der großen Städte, Geburtenrückgang und Überalterung der Gesellschaft. Moskau und St. Petersburg sind davon gleichermaßen betroffen.

„Ihr Kinderlein kommet …", heißt es so schön in einem beliebten Weihnachtslied. Doch wer soll noch zur Krippe gehen und die Geburt Christi bewundern, wenn in der westlichen Welt immer weniger Kinder geboren werden und die christlichen Gemeinden weiter schrumpfen?

Die Länder Asiens und Afrikas leiden unter Überbevölkerung. Dort gerät das Bevölkerungswachstum außer Kontrolle. Hungerkatastrophen sind an der Tagesordnung. Die Beispiele Somalia und Bangladesch stehen für viele. Oder auch Nigeria. In diesem Land werden jährlich mehr Kinder geboren als in ganz Europa. Dort mehrt sich dagegen die Angst vor dem Aussterben. Auch Russland beklagt den zunehmenden Bevölkerungsschwund – ein bis vor kurzem in der Tiefebene westlich des Urals unbekanntes Phänomen.

Eine Familie mit sieben bis zehn Kindern war im 19. Jahrhundert eine durchaus übliche Familiengröße. Olga aus der Rostower Kosakenfamilie kam als viertes Kind zur Welt. Sie selbst hatte schon mehrere Verbindungen. Heiraten wird sie vorerst nicht. Und Kinder kriegen? Vielleicht eins. Vera, auch aus kinderreicher Familie, hat zwei Kinder, Töchter, aber nur noch ein Enkelkind; zumindest bisher.

Der zunehmende Wohlstand hat paradoxerweise die einstige Vielzahl der Kinder „aufgefressen". Die Lust ist geblieben, der Wunsch nach Kindern blieb dagegen auf der Strecke. Die Frauen wollen sich mit allen möglichen Ideen selbst verwirklichen, nur nicht mehr mit einer Schwangerschaft, und wenn ja, dann in Deutschland im Durchschnitt nur noch

1,3-mal. Geburten werden geplant. Sie kommen nicht mehr als gewollter und beglückender Höhepunkt einer intensiven sexuellen Beziehung zustande.

Diese familienfeindliche Entwicklung schwappte bis in den Osten Europas über. Auch die Babuschkas, die dicklichen russischen Mütterchen, änderten nach und nach ihr Aussehen und Verhalten. Sehr selbstbewusst tritt die moderne Russin auf. Schlank sein wurde nach und nach zum Schönheitsideal. Die Miss Russia 2006 gefiel noch trotz hausbackenem Aussehen und dezent vorspringer Backenknochen. Im Jahr 2009 speckte die Siegerin im Vorfeld weiter ab und die Schönheit von 2010, Natalja Perewersew, in den Vorwahlen als Miss Moskau gekürt, könnte ihrem Aussehen nach auch eine flotte Französin oder Italienerin sein. Natalja ist Studentin an der Finanzakademie der russischen Regierung. Von Kindern ist bei ihr und den anderen Frauen kaum noch die Rede. Die Karriere steht im Vordergrund. Bald wird es hier auch wie in Deutschland sein: Der Wunsch nach Kindern wird die Zahl der tatsächlichen Geburten übertreffen. Die Frauen wollen eine Ausbildung oder gar ein Studium. Sie suchen Erfolg in der Arbeit. Sie zeigen Mobilität und Anpassungsfähigkeit. Der angeborene Traum vom Kind und die mögliche Freude darüber, welche zu haben, werden jedoch von der Angst vor den Kosten und der eingeschränkten Entfaltungsmöglichkeit verdrängt.

Was die Landflucht und die Übervölkerung der Großstädte betrifft, hat St. Petersburg eine sehr einschneidende Entscheidung getroffen: Wohnrecht in der Stadt erhält nur, wer Wohnung und Arbeit nachweisen kann oder mit einem Einwohner verheiratet ist. Für alle anderen gilt eine Zuzugssperre.

Diese harte Maßnahme kommt nicht von ungefähr. St. Petersburg war seit seiner Gründung eine Stadt großer sozialer Gegensätze. Etwa 15 % der Bevölkerung leben in so genannten Kommunalkas. Das sind Gemeinschaftswohnungen, in denen sich mehrere Familien eine Wohnung, eine Küche und ein WC teilen müssen.

Hinzu kommt die Überfremdung durch Immigranten aus den ehemals sowjetrussischen Gebieten, allen voran aus Kasachstan, Usbekistan, Tadschikistan und Kirgisistan, der vorgebeugt werden soll.

Auf dem Schiff

In Kirill

Olga

Miss Russia 2006

Miss Moskau 2010

Petersburger Impressionen

Auf der Fahrt vom Flusshafen in die Innenstadt erleben wir das bereits von Moskau bekannte Verkehrschaos russischer Großstädte. Mühsam winden sich die Fahrzeugschlangen durch die viel zu engen Straßen.

Mehrere Hebebrücken überspannen die Newa. Sie werden in der Nacht für die Schiffe geöffnet, die tagsüber an den Kais der Flusshäfen warten müssen. Die darüber hinwegführenden Straßen verbinden das Zentrum St. Petersburgs mit den östlichen Stadtteilen Rajon Krasnaja Gwardija und Rajon Newa.

Dort entstanden mehrere moderne Bürokomplexe. Noch bilden die grauen Plattenbauten ganz in ihrer Nähe ein äußerst kontrastreiches Nebeneinander extremer architektonischer Stile, das vermutlich nicht mehr lange so bleiben wird. Hinter den verglasten Fassaden schmieden die Manager bereits eifrig Pläne, die nicht nur den Unmut der Stadtverordneten, sondern auch der Machthaber im Kreml Moskaus auslösten. „Medwedew verdammt Gazprom-Wolkenkratzer an der Newa" lautete die fette Überschrift der Internetzeitung Russland-Aktuell vom 21. Mai 2010. Das Vorhaben von Gazprom, in Petersburg einen 400 Meter hohen Büroturm zu bauen, scheint schwer erschüttert. Die Pläne erzürnten auch die UNESCO, die das geschützte historische Stadtbild St. Petersburgs in Gefahr sieht.

Ein weiteres Projekt dürfte demnächst die Gemüter erhitzen, solange die Suche nach Wohnkonzepten für die breite Bevölkerung keine positiven Ergebnisse zeitigt: An der Newa-Mündung sollen schicke „Petersburger Docklands" mit teuren Penthäusern im Stil Londons entstehen. Um Platz zu schaffen wollen Investoren das Gelände der Admiralitätswerft räumen und diese nach Kronstadt verlagern. Wenn es den Verantwortlichen nicht gelingt, parallel zu diesem Vorhaben bezahlbaren Wohnraum für Leute mit mittleren und kleineren Einkommen bereitzustellen, wird es zu Protesten kommen.

Proteste lösten bereits die Abrissarbeiten gegenüber vom Kreml in Moskau aus, wo historische Bauten einem renditeträchtigen, gemischten Büro- und Wohnkomplex weichen sollen. Anwohner und Denkmalschützer demonstrierten, blockierten die Zufahrt zur Baustelle und brachten die Abrissbirne zum Stillstand.

Jurij Luschkow, der Bürgermeister Moskaus, treibt derweil seinen Streit mit dem Präsidenten des Landes auf die Spitze. Der „Mann mit der Schiebermütze" wird er wegen seiner Vorliebe für lederne Patschkappen genannt. Eines seiner Ziele, das auch vom Bürgermeister von St. Petersburg mitgetragen wird, ist der Bau einer neuen Autobahn zwischen den beiden Großstädten. Als Luschkow die Rodung des Waldes von Chimki anordnete, ließ Medwedew das Projekt mit der Begründung stoppen, der Wald sei Teil der grünen Lunge der Hauptstadt und die Bevölkerung sei nicht in ausreichendem Maße in die Entscheidung einbezogen worden.

Luschkow wird nicht nur nachgesagt, dass seine Baupolitik die historische Substanz Moskaus zerstöre. Die Auftragsvergabe der Stadt bevorzuge auch Jelena Baturina, die Frau des Bürgermeisters, die als Bauunternehmerin bereits ein Milliardenvermögen ansammelte.

Während diese Zeilen geschrieben werden, war es dann soweit: Präsident Medwedew, der die Bürgermeister der großen Städte Russlands ernennt, setzte Jurij Luschkow von seinem Posten ab. Sicher traf er diese Entscheidung nicht ohne Rückendeckung. Die starken Männer Russlands, Medwedew und Putin, entwickeln offenbar gemeinsam ein Gespür dafür, dass die Schere zwischen den wirtschaftlich Mächtigen und den so genannten einfachen Leuten, zwischen Reich und Arm, nicht zu weit auseinanderklaffen darf.

Am Knie der Newa biegt der Fahrer nach links zum Rastrelli-Platz ab. Der erste Halt der Tour gilt dem Smolnyj-Kloster mit der imposanten Auferstehungs-Kathedrale – einer barocken Sinfonie aus Kuppeln in blau und weiß. Nur am Rande erwähnt die Stadtführerin, dass die Zarin Katharina II., die Große, gleich nebenan eine „Bildungsanstalt für adlige Fräulein" einrichten ließ, die wir schlicht Mädcheninternat nennen würden – sicher ein weiser und zukunftorientierter Entschluss der in Stettin geborenen Regentin. Sie soll auch eine ausgeprägte Schwäche für eine Vielzahl von Männern entwickelt haben. Das Taurische Palais ganz in der Nähe auf der Schpalernaja Uliza ist heute noch stiller Zeuge ihrer zahlreichen Amouren. Sie schenkte es ihrem Ratgeber, siegreichen Heerführer gegen die Türken und vor allem Liebhaber, dem Fürsten Gregorij Potemkin. Er musste besondere Fähigkeiten besessen haben, denn ein gut aussehender Mann war er als Einäugiger vermutlich nicht.

Zar Peter I. der Große

Peter-Paul-Festung

Peters alter Stadtpalast

Peterhof

Blick über die Fontäne zur Ostsee

Perseus enthauptet Medusa

Peters Refugium Monplaisir

Katharinenpalast

Seitenflügel mit Kapelle

Bernsteinzimmer

Zarin Elisabeth I.

St. Petersburg

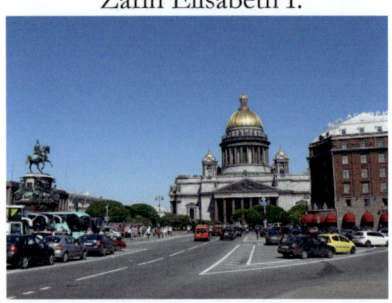

Isaak-Kathedrale

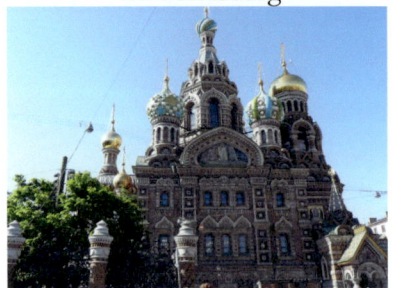

Christi-Auferstehungs-Kirche

Kathedrale des Smolnyi-Klosters

Newskij-Prospekt

Weltkulturerbe

Vor der Kasaner Kathedrale

Winterpalast

Thron der Romanows

In der Eremitage

Madonna mit dem Kind
Leonardos Litta   und   Raffaels Conestabile

Ein Stück des Wegs weiter erreichen wir den kleinen Nebenarm Fontanka, der, wie die Moika und einige Kanäle, die Innenstadt St. Petersburgs durchzieht. Prächtige Stadtpalais schmücken das Ostufer, auf dem wir entlangfahren. Über die Pestel-Brücke und vorbei am Michaels-Schloss gelangen wir zur Christi-Auferstehungs-Kirche. Sie wird auch Blutskirche genannt, da vor ihrer Erbauung an gleicher Stelle Zar Alexander II. 1881 einem Attentat zum Opfer fiel. Als eklektizistisch wird der Bau bezeichnet – ein kitschig glänzendes Sammelsurium kommt dem Versuch zur Nachahmung altrussischer Baukunst näher.

Über die Schlossbrücke setzen wir anschließend zur Wassilij-Insel über. Die Landzunge Strelka bietet einen großartigen Überblick. Die Newa teilt sich hier in die Große und die Kleine Newa. Direkt voraus liegt die Peter-Paul-Festung, jenseits der Schlossbrücke erstrecken sich die Admiralität, der Winterpalast mit der Eremitage, das Marmorpalais und der alte Stadtpalast Peters des Großen nach Norden. Auf der Wassilij-Insel selbst stehen die Alte Börse und gleich daneben die Kunstkammer, die Akademie der Wissenschaft und die Universität.

Ein Bus nach dem anderen kommt mit vierzig bis fünfzig Besuchern aus allen Herren Ländern angefahren. Auf dem Sockel der beiden so genannten Rostra-Säulen nehmen sie Aufstellung für ein Gruppenfoto. Chinesen, Japaner und Koreaner zeichnen sich dadurch aus, dass sie mit ernster Mine in die Kameras blicken und immer erst dann zu lachen beginnen, wenn die Fotos bereits geschossen sind. Die Japaner unter ihnen, sind am „sun visor" der Frauen zu erkennen, den übergroßen Blenden oder Schirmen ihrer eigenartigen Kopfbedeckungen.

Einige Inder betrachten die Rostrasäulen besonders argwöhnisch. Sie gestikulieren und diskutieren. Möglicherweise verwechselt der eine oder andere von ihnen die Säulen mit dem Phallussymbol ihres Gottes Shiva, mit dem diese aber nichts zu tun haben. Es handelt sich vielmehr um Leuchttürme, die, mit Rammsporne alter Kriegsschiffe geschmückt, den Schiffen den Zugang zum Hafen zeigen sollen.

Als letzter Höhepunkt der Tour wird der Dekabristenplatz angesteuert. Die Bezeichnung wurde von einem Geheimbund liberaler Offiziere und Beamter abgeleitet, die eine Republik anstrebten – eine von der zaristischen und sowjetischen Führung stets bekämpfte Staatsform.

Den Platz dominieren der Eherne Reiter, ein Standbild Peters des Großen, das Historische Archiv und die wuchtige Isaaks-Kathedrale. Ihre Doppelkuppel erinnert mich an den Petersdom in Rom, zwischen dessen beiden Kuppelschalen ich vor Jahren bis zur Brüstung der oberen kleinen Trommel hinaufstieg, von der aus man direkt auf den Hochaltar hinunterschauen kann.

Unser Bus hielt zum Einsteigen vor dem Reiterstandbild Nikolajs I. Mehr als dieser interessiert mich das Hotel Astoria. Leider bleibt keine Zeit, das im Jugendstil erbaute legendäre Etablissement zu besuchen.

Nur wenige Meter sind es von hier zum Newskij-Prospekt, der Hauptschlagader St. Petersburgs, die wie keine andere Straße der Stadt vom pulsierenden Leben erfüllt ist. In der Nähe der Antischkow-Brücke steigen wir aus – einem der schönsten Punkte der Stadt, von vier Palästen eingerahmt, einer prunkvoller als der andere.

Barock, Klassizismus und Jugendstil begleiten uns auf dem Spaziergang längs des Newskij-Prospektes. Mit laut tönendem Motorengeräusch rast ein Motorradfahrer an allen Fahrzeugen vorbei – geschätzte einhundert Stundenkilometer oder gar noch mehr schnell. Derartige Geschwindigkeiten sind auch in Russland in einer Innenstadt nicht erlaubt. Eine Hand voll Rubel glättet die Gemüter bei derartigen Vergehen schnell. Angst vor einem Uniformierten braucht der Fahrer nicht zu haben, solange er diesen besticht. Das System der Korruption funktioniert. Der Milizionär teilt das Geld mit seinem Natschalnik, seinem Vorgesetzten, und die Sache ist vergessen.

Gegenüber dem Haus des Buches am Gribojedow-Kanal, dem schönsten Jugendstilgebäude der Stadt, befindet sich vor der klassizistischen Kasaner-Kathedrale eine gern besuchte Grünanlage. An der Seite warten leere Tische und Stühle eines Getränke-Kiosks auf Gäste. Wir kaufen eine Cola und Mineralwasser und lassen uns nieder. Der Duft gebratener Würste zieht durch unsere Nasen. Ich lasse mir von der Verkäuferin zwei Hot Dogs mit Ketchup zubereiten. Sie muss eine Mongolin sein. Ob jüngst zugewandert oder eine Nachkommin der Goldenen Horde? Ich kann ihr Geheimnis nicht in Erfahrung bringen. Meine Versuche, mich mit ihr zu verständigen, schlagen fehl. Ihre schwarzbraunen Augen und die feurigroten Wangen bleiben mir in Erinnerung.

Wir beobachten den Strom der vorbeiziehenden Menschen und jene, die wie wir vorübergehend die Ruhe suchen und sich für einige Minuten auf einer der Bänke niederlassen. Sie reichen nicht für alle. Einige Mädchen, Schülerinnen womöglich, lassen sich auf der Wiese zwischen den Rabatten mit Blumen nieder. Ein verliebtes junges Pärchen liegt am Rande des Wasserbassins und füttert die Enten. Die Wolken verschwanden. Die Sonne wärmt und erfüllt die Stadt mit ihrem klaren Licht des Nordens.

Die Grünanlage ist, wie die ganze Stadt, äußerst sauber. Nirgendwo liegt Unrat herum. Heruntergekommene Gestalten und Bettler sind keine zu sehen; ebenso keine Straßenkinder. Diese finden, wenn sie Glück haben und aufgenommen werden, einen Hort der Geborgenheit in der Arche ganz in der Nähe des Liegeplatzes der Ivan Bunin. Das Kinderheim wurde 1996 als deutsch-russisches Gemeinschaftsprojekt in der Uliza Pribreschnaja gegründet und genießt einen guten Ruf.

Nach kurzer Rast wandern wir weiter in Richtung Admiralität und Winterpalast – vorbei an weiteren Palästen, Kirchen, Verwaltungs- und Wohngebäuden, Läden, Restaurants und Theatern – bewundern die unterschiedlichen Baustile und die mit Medaillons und Skulpturen reich geschmückten Fassaden.

Schräg gegenüber des Palastes der Kaufmannsfamilie Stroganow – deren Namen ich bisher nur vom Filetspitzenragout Stroganow in Rahmsoße her kannte – befindet sich die Oberschule für das Stadtzentrum. Eine Tafel an der Hauswand erinnert an die „Deutschland-über-alles-Zeit" des verrückten österreichischstämmigen Ver-Führers, der die Stadt St. Petersburg sage und schreibe 900 Tage durch seine Armee blockieren und beschießen ließ. Darauf steht zu lesen: „Bürger! Bei Artilleriebeschuss ist diese Straßenseite besonders gefährlich." Jemand hatte frische rote Nelken auf dem Gitter darunter niedergelegt.

Wir umrunden das Gebäude des Generalstabs, überqueren den Schlossplatz vor dem Winterpalast und kehren unter dem Triumphbogen hindurch zum Newski-Prospekt zurück.

Sehr Beschaulich geht es in den schmalen Nebenstraßen und beidseits der Mojka und des kleinen Kanals zu. Die Szenen am Wasser erinnern mit viel Phantasie ein bisschen an Venedig, wenngleich doch nur sehr entfernt. Prächtige Fassaden finden sich hier wie dort, im Stil sind sie sehr verschieden.

Die meisten Häuser wurden nicht nur von außen restauriert, sondern auch von innen, wie wir mehrfach beobachten können, oder sogar entkernt und modern neu ausgebaut. Ein Umzugswagen blockiert eine der Seitenstraßen. Eine Familie bezieht ihre gerade fertig gewordene Wohnung. Kristalllüster, Wandspiegel und Marmorfußboden glänzen im Hausflur. Hier stehen keine Potemkinschen Attrappen, sondern elegante Häuser aus einer längst vergangenen Zeit, denen man ihren alten Glanz wieder gegeben hat.

In einem unscheinbaren Geschäft kaufen wir Erinnerungsstücke und kleine Mitbringsel für die Enkel – aus Holz natürlich und bemalt.

Dann machen wir uns auf den Weg zum Treffpunkt vor der Kasaner-Kathedrale. Nikolaj wartet dort auf alle, die auf eigene Faust unterwegs waren. Beim Kaufhaus Gostinyj Dwor besteigen wir gemeinsam die Metro, mit der wir zur Station Proletarskaja beim Liegeplatz Retschnoj Waksal der Ivan Bunin fahren.

Der Schlussakkord

Für den letzten Abend bieten die Veranstalter drei Alternativen an: Folklore oder Ballett und Folklore oder das Ballett Schwanensee.

Die Aufführung des Schwanensee-Balletts findet im Theater der Eremitage statt. Das klingt reizvoll wegen des schönen Rahmens. Aber schon wieder Schwanensee?

Am gemischten Programm für Ballett und Folklore stört vor allem der Hinweis auf den Walzer aus dem Film „Doktor Schiwago" – als wäre die epische Filmmusik eines französischen Komponisten in einem amerikanischen Film typisch russisch.

Nein, wir entscheiden uns für Folklore pur und fahren mit dem Bus in die Stadtmitte zum Saal „Karneval" beim Newski-Prospekt.

In Uglitsch wurden wir zum ersten Mal von einem Trio mit russischen Liedern überrascht. In Jaroslawl sangen fünf Männer in der Halle des Nebenaltars das ergreifende „Lied der zwölf Räuber" und in der Grotte des Katharinenpalastes sorgte ein kleiner Chor mit einem Potpourri für

Stimmung. Heute Abend wartet der große Chor der Russischen Streitkräfte von einem Militärorchester begleitet mit seinem Können auf.

Kraftvolle und lyrische Solostimmen wechseln mit dem atemberaubenden Männerchor. Die kleine Glocke Kolokoltschik erklingt. Das lauthals gesungene Katjusha reißt die Zuhörer zu Beifallsstürmen hin und auch die Ohrwürmer Schwarze Augen und Kalinka begeistern durch die Art ihres einmaligen Vortrags. Eine Tanzgruppe führt Nationaltänze auf und zeigt hochrangige akrobatische Leistungen im Stil der Kosaken. Gefühlvolle Stimmungsbilder steigern sich schließlich zu schnellen melodischen Rhythmen beim Finale.

Wieder zurück auf dem Schiff, lassen wir uns bei Vera zum Ausklang ein Baltika zapfen. Die Franken sind wieder mit von der Partie. Ein Schnäpschen wird dazubestellt.

Jemand kommt kurz darauf auf die Idee, eine zweite Runde mit der altbackenen und zugleich entschuldigenden Bemerkung „Auf einem Bein steht man schlecht" zu bestellen.

„Kennen Sie davon die russische Version?", frage ich in die Runde und gebe sie, ohne auf Antwort zu warten, zum Besten:

„Dein Hausarzt hat dir doch nur ein Glas Wodka erlaubt", sagt die Frau kritisch zu ihrem Mann, worauf dieser einwendet: „Ja, aber mein Therapeut hat mir doch auch ein Gläschen Wodka zugestanden."

*

Der nächste Morgen beginnt hektisch: Sehr früh aufstehen, die Koffer zu Ende packen und vor die Tür stellen, ein schnelles Frühstück einnehmen und den Bus besteigen. Der Besuch des Winterpalastes mit der Eremitage steht als letzter Höhepunkt auf dem Programm.

In den vergangenen beiden Tagen hörten wir viel von den Baumeistern der großartigen Paläste St. Petersburgs. Der Name Bartolomeo Rastrelli fiel dabei mehrfach. Die Krönung seines Schaffens scheint der Winterpalast zu sein.

Die Macht der hier residierenden Zaren brachte der Architekt durch die monumentale Größe des Gebäudes zum Ausdruck. Durch eine rhythmische, fast spielerische Gliederung erhält die lange Front jedoch eine Leichtigkeit, wie sie nur im italienischen Barock gelingt. Der bronzefarbene Glanz der umlaufenden Balustrade, die kupfernen Urnen und

Statuen im Wechsel und eine Zwiebelkuppel ergänzen das Aussehen um eine russische Note.

Vor den drei Eingängen warten die Besucher. Mehr als zehntausend sollen es derzeit pro Tag sein – eine Zahl, die auch für den Peterhof und den Katharinenpalast genannt wurde. Wir müssen nicht warten. Dank guter Organisation gelangen wir an der Schlange vorbei rasch ins Innere.

Wie viele Paläste und Schlösser ich in meinem Leben schon besuchte, weiß ich nicht mehr. Doch von den meisten blieben irgendwelche Besonderheiten in meiner Erinnerung haften. Hier, im Winterpalast, beeindrucken mich der mit Gold überladene kleine Thronsaal, der eigentliche, große Thronsaal und der Pavillon mit den ausladenden Kristallleuchtern und seinem filigranen Dekor. Den unter einem roten Baldachin postierten Thron der Romanows mit dem alten Wappen halte ich als Symbol der Zarenzeit auf einem Foto fest.

Die Anspannung steigt, als wir vom Pavillon aus in die Eremitage hinübergehen. Eine der größten und wertvollsten Gemäldesammlungen der Welt, von mehreren Zarengenerationen zusammengetragen, fand hier ihr Zuhause. Fast alle Künstler von Rang und Namen sind in den palastartigen Räumen vertreten.

Ich versuche mich auf einige Schwerpunkte zu konzentrieren, flaniere bewundernd an den Bildern Peter Paul Rubens und Rembrandt van Rijns vorbei, um mich schließlich ganz drei außergewöhnlichen Gemälden zu widmen: Der Madonna mit dem Kind von Leonardo da Vinci und den beiden Werken, Madonna mit dem Kind und die Heilige Familie, Raffaels.

Leonardo war fasziniert von der Natur, von deren Schönheit und von der Vielfalt des Lebens. Den Ehrgeizigen und Machthungrigen schrieb er ins Stammbuch, dass sie sich durch ihr Tun „dieses Leben verbittern und die Vorteile und Schönheiten dieser Welt nicht besitzen." Für alle anderen schuf er Bilder der Verinnerlichung, wie jenes von der Mona Lisa oder die großartige Szene der Madonna Litta mit dem Kind.

Raffael war ein Ästhet. „Erst die Kunst bringt die Schönheit der Natur zur Vollendung". Davon war er überzeugt. Bei seiner Madonna, der Conestabile mit dem Kind, suchte Raffael den innigen Ausdruck, der den Betrachter fasziniert.

Mit einem letzten Blick zur Decke auf den in Gold gefassten Wappen-adler der Romanows verlassen wir die Eremitage und den Winterpalast.

Der Bus bringt uns zum Flughafen Pulkowo. Wir fahren auf der Mos-kauer Straße stadtauswärts, dem Ende der Leningrader Straße, die von unserem ersten Liegeplatz im Flusshafen in Moskau bis ins Zentrum von St. Petersburg führt. Der Kreis schließt sich.

*

Wieder zu Hause beschäftigen mich die Erlebnisse dieser Reise durch Russland im Frühling noch eine ganze Weile. Vieles glaubte ich von diesem großen Land zu wissen. Doch meine Kenntnisse beschränkten sich auf das in der Schulzeit Erlernte, auf Presseveröffentlichungen und vor Jahren gelesene Bücher Tolstojs, Dostojewskis, Puschkins und Sol-schenizyns. Als Pennäler zeichnete ich mit Bleistift, Kohle, Tinte und Tusche und fertigte Aquarelle und grellbunte Bilder mit Plakafarben. In meinem Fundus blätternd, stoße ich auf ein Portrait:

Meine Signatur und die Jahreszahl 56 sind nur schwach zu erkennen. Auf der Rückseite vermerkte ich: „Dostojewski, nach einem Bild von Wassilij Barsoff".

Vierundfünfzig Jahre vergingen, seit ich die Bücher Schuld und Sühne, Der Spieler und Der Idiot in den Händen hielt, darin blätterte und auch einiges, gewiss nicht alles, las. Manches blieb von dem geschilderten alten Russland bis heute. Vieles hat sich jedoch zum Besseren verändert.

Die Route

Sa	22.05.	Flug von Frankfurt/Main nach Moskau
		Einschiffung ab 16:00 Uhr
So	23.05.	Moskau – Stadtbesichtigung
Mo	24.05.	Moskau – Stadtbesichtigung
		Am Nachmittag Fahrt auf dem Moskwa-Wolga-Kanal

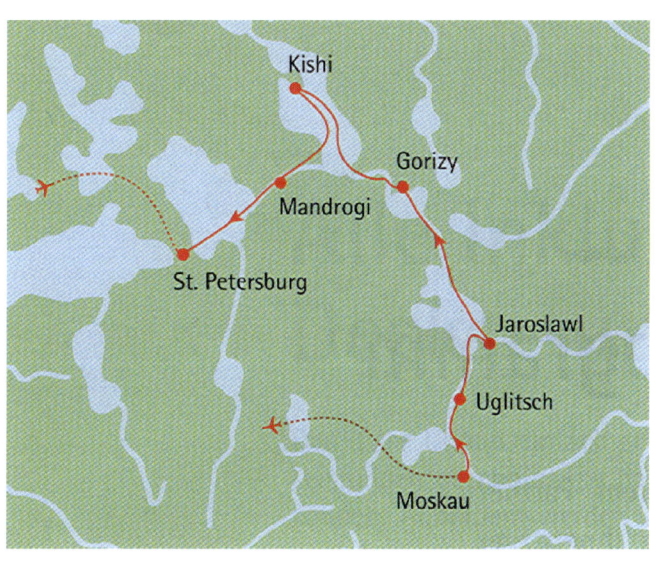

Di	25.05.	Uglitsch. Weiterfahrt auf der Wolga
Mi	26.05.	Jaroslawl. Gegen Mittag Weiterfahrt über den
		Rybinsker Stausee und den Wolga-Ostsee-Kanal
Do	27.05.	Gorizy. Weiterfahrt zum Onegasee
Fr	28.05.	Insel Kishi. Weiterfahrt über den Onegasee
		und die Swir
Sa	29.05.	Mandrogi. Weiterfahrt über den Ladogasee
		und die Newa
So	30.05.	St. Petersburg – Peterhof und Katharinenpalast
Mo	31.05.	St. Petersburg – Stadtbesichtigung
Di	01.06.	St. Petersburg – Winterpalast und Eremitage
		Flug von St. Peterburg nach Frankfurt/Main

Quellen- und Bildnachweis

DuMont Kunstreiseführer Moskau und St. Petersburg, Köln 1997
Oleg Jurjew, Freie Zeit, Kulturaustausch IV/2009
Kai Kracht, Russische Volkslieder, online
Moskauer Deutsche Zeitung, Internetzeitung, online
Petersburg-Info, Teledienst, Koblenz
Plantours & Partner, Bremen
Russland-Aktuell, Internetzeitung, Moskau

Seite/Bild
68/1 und 2 aktuell.ru
71/1 Musikrijski, 1723, Öl auf Emaile
71/2 petersburg-info.de
81/Karte Plantours & Partner
Alle anderen Peter Landgraf

Weitere Bücher des Autors im Verlag Books on Demand

Mit dem Kondor über die Anden
Von Peru nach Bolivien, Argentinien, Brasilien
ISBN 978-3-8423-6122-5, 116 S.

Südafrika – auf Spurensuche
Reiseerinnerungen
ISBN 978-3-8391-8198-0, 144 S.

Unterwegs
Reiseerinnerungen 2004 bis 2009 – Mit Beiträgen über die Pfalz, die Inseln Dalmatiens, den Wilden Westen, die Insel Mauritius, das nördliche Kalifornien und die zu Hawaii gehörende Insel Kauai
ISBN 978-3-8391-3345-3, 172 S.

Perlen der Seidenstraße
Mit der Eisenbahn auf alten Karawanenwegen
ISBN 978-3-8370-2156-1, 140 S.

Sommer in der Antarktis
Erlebnisse auf einer Kreuzfahrt
ISBN 978-3-8370-2900-0, 84 S.

Im Herzen der Südsee
Tahiti, Moorea, Huahine, Raiatea, Bora Bora
ISBN 978-3-8370-1179-1, 60 S.

Asien – Meine Reisen ins Unbekannte
(mit Beiträgen über Südostasien, Thailand, China, Sri Lanka, Indonesien und Indien)
ISBN 978-3-8334-6587-1, 344 S.

Hawaii – Mein Traum vom Paradies duftet nach Plumeria
(mit Beiträgen über Big Island, Maui, Oahu, Kauai)
ISBN 978-3-8334-3828-8, 100 S.

Vom Fernweh getrieben – Impressionen eines Weltreisenden
(mit Beiträgen über New York, Mexiko, Japan, Taiwan, Libanon,
Marokko, Tunesien, Ägypten und Sinai)
ISBN 978-3-8334-3800-4, 324 S.